ORANGEN UND ENGEL

Ingo Schulze
ORANGEN UND ENGEL
Italienische Skizzen

Mit Fotografien
von Matthias Hoch

BERLIN VERLAG

Für Natalia

Wie hat sich doch jeder Reiz der Fiktion verloren! dachte ich dann voller Melancholie. Und wie hat sich alle Lust zu sinnhaftem Spiel verloren … scheinbar. *Wolfgang Hilbig*

INHALT

FÜSSE

Mein Onkel F., der kein richtiger Onkel ist, sondern der jüngste Vetter meines Großvaters, erzählt seit einigen Jahren vom Krieg. Er hat, wie er es nennt, den Polenfeldzug mitgemacht, den Frankreichfeldzug, den Russlandfeldzug. 1943 bekam er Fleckfieber, lag in Dresden im Lazarett und wurde nach seiner Genesung Mitte 1944 als Meldereiter nach Italien verlegt. Dort, in einem der ersten Gefechte an beiden Füßen verwundet, verbrachte er mehrere Monate in Ferrara. Obwohl er nicht auftreten konnte, zählte man ihn zu den leichteren Fällen. Seit ich Onkel F. kenne, schwankt er beim Gehen stark hin und her, als würde er beim nächsten Schritt umkippen.

Was er über den Krieg sagt, verstehe ich, auch wenn es mich befremdet und ich wünschte, er würde anders darüber sprechen. So erzählt er zum Beispiel, wie peinlich es ihm gewesen sei, dass sie auf dem Rückzug durch die Sowjetunion mitunter auch durch jene Dörfer und Städte kamen, die sie schon mal auf dem Vormarsch durchquert hatten.

Von Italien spricht er wenig, eigentlich geht es immer nur um eine einzige Szene:

Als er sich auf Krücken wieder selbständig bewegen konnte, schleppte er sich nachts aufs Klo. In dem länglichen gefliesten Raum, in dem es auch eine Badewanne gab, lag auf einer Bahre eine Leiche, die bis auf die Füße bedeckt war. Diese Füße ängstigten ihn. Er sagt, sie seien auf ihn gerichtet gewesen. Von da an habe er nachts immer erst die Klotür einen Spalt geöffnet, um dann, wenn da wieder eine Leiche lag, sich lieber über lange Treppen ein Stockwerk tiefer zu quälen. Diese Leichen mit den nackten Füßen verfolgen ihn bis heute. Mich wundert das, weil er doch ganz anderes gesehen und erlebt hat als Leichen auf einer Lazarettbahre. »Immer diese Füße!«, sagt er. »Diese Füße!« Onkel F. ist ein nüchterner Mann, aber vor den toten Füßen, sagt er, habe er sich gefürchtet, weil er in ihnen Krallen gesehen habe, »als wollten sie sich am Leben festkrallen«. Und dabei macht er mit beiden Händen stets diese Geste, vor der ich zurückweiche.

Mir ist schon klar, dass sein Vergleich mehr mit seiner eigenen Verletzung zu tun hat als mit einer genauen Beobachtung. Trotzdem muss ich oft an seine Erzählung denken, wenn ich – so wie heute, an diesem Februartag in S. Clemente – durch die Schuhsohlen hindurch die sanften Unebenheiten des Fußbodens spüre, diese Tag für Tag, Jahrhundert für Jahrhundert von Tausenden von Füßen polierten Marmorplatten, diese farbigen, in geschwungene Ornamente gesetzten Steine der Kosmaten, die Fischgrätenmuster der römischen Ziegel … Und jedes Mal möchte ich dann dem Impuls nachgeben, die Schuhe auszuziehen und mich mit den nackten Füßen diesem Boden anzuschmiegen, als wäre er warm.

RANDAZZO

Randazzo, nordwestlich des Ätna. Ein kühler Tag Mitte April. Nach zwei Tagen liegt auf unserem Auto eine dünne Schicht Vulkanasche. Von dem kleinen Haus inmitten der Olivenbäume in der Nähe von Cesarò, in dem wir bei Freunden wohnen, ist es nur ein kurzer Ausflug. Gegen zwei fahre ich durch einen Torbogen in die Altstadt und dann weiter durch schmale Einbahnstraßen. Vor einer großen schwarzen Kirche finde ich einen Parkplatz. Wir laden die beiden Buggys aus und legen die Kinder hinein, die gleich weiterschlafen. Bis auf zwei Handwerker, die an einer Seitentür der schwarzen, dem heiligen Martin geweihten Kirche arbeiten, scheint die Stadt ausgestorben zu sein. Hinter dem Haupteingang der Kirche bleiben wir vor einer Pinnwand stehen, an der Zettel in italienischer, deutscher und englischer Sprache hängen. Zumindest der deutsche ist unverständlich.

Auf der Suche nach einem Restaurant ziehen wir durch die Straßen. Nicht mal eine Katze oder ein Hund sind zu sehen. Geöffnet hat allein die Lottoannahmestelle. Ein Auto hält, zwei Männer gehen hinein. Wieder Leere. An der nächsten Straßenbiegung kommt uns ein Paar entgegen, den rotblauen Baedeker in der Hand. Die Restaurants, die sie gesehen haben, sagen die Schweizer, seien alle geschlossen.

Wenn wir aber die berühmte Pasticceria suchten, liefen wir in die richtige Richtung. Meine Hoffnung, dass wir uns in absehbarer Zeit an einen Tisch setzen und eine Speisekarte öffnen könnten, gebe ich am Hauptplatz auf. Ich wäre jetzt schon mit einer Bar zufrieden, aber selbst unter den dunkelroten Markisen, auf denen mit goldener Schrift »Bar« steht, sind die Türgitter geschlossen. Im Innenhof des Palastes, der die Stadtverwaltung beherbergt – es ist, wie sich später herausstellt, der Palazzo Reale, in dem einst Karl V. übernachtet hat –, suche ich vergeblich nach einem Klo oder nach jemandem, den ich nach einem Restaurant fragen könnte. Wir begegnen zwei weiteren Touristenpaaren, die schon aus der Ferne als solche zu erkennen sind – an Wanderschritt, Rucksack und Regenjacke, vor allem aber an ihren Blicken; sie nehmen jedes Haus von oben bis unten in Augenschein. Ab und zu rast ein Auto an uns vorüber in Richtung der Lottostelle. Vor der Chiesa Madre di Santa Maria, am anderen Ende der Stadt, treffen wir endlich auf ein paar mehr Menschen – ein Filmteam. Sie bauen ihre Technik ab. Ein halbes Dutzend junger Frauen steht herum, alle halten sich ein Handy ans Ohr. Den Platz vor dem Kirchenportal beherrscht ein Mann im hellgrünen Pullover, der den Schwenkarm einer Kamera demontiert. Er tut das so schnell und sicher, ja geradezu lustvoll, als wollte er demonstrieren, wie froh er ist, von hier fortzukommen. Im Schaufenster hinter mir bewegt sich etwas: Eine Puppe mit weißer Kochmütze liegt zwischen alten Zahnrädern und Mutterschlüsseln, ihr Brustkorb hebt und senkt sich, ein schlafender Konditor – die Zahnräder und Werkzeuge sind aus Marzipan. Es ist die im Baedeker erwähnte Pasticceria Santo Musumeci.

Sie soll um 14.45 Uhr öffnen. Es ist 14.45 Uhr. Nun beginnt es zu nieseln. Wir stellen uns unter die Markise und beobachten den Mann im hellgrünen Pullover, der im Nieselregen schneller und schneller hantiert. Seine langen blonden Haare, die die Halbglatze bisher verbargen, wehen im Wind. Der Teleskoparm surrt zusammen. Die jungen Frauen mit den Handys sind in die weißen Kleintransporter gestiegen und telefonieren von dort aus weiter. Als die Pasticceria von zwei gleichzeitig eintreffenden Frauen kurz nach drei Uhr aufgeschlossen wird, schiebt der Mann im hellgrünen Pullover den geschrumpften Teleskoparm zum Transporter, er lacht, jetzt kann der Regen kommen.

Unmittelbar nach uns treten auch die anderen Touristenpaare ein. Ich bestelle sofort, um nicht noch länger warten zu müssen: Zwei Stück Pistazientorte, zweimal eine Art Esterházy-Schnitte mit Ricotta, außerdem verschiedene kleine Tartelettes mit Creme und Orangen und Erdbeeren und ein gefülltes Röllchen, dessen Namen ich vergessen habe, eine sizilianische Spezialität. Tanja, die noch immer die Speisekarte studiert, fragt verärgert, wer das alles essen soll. Ich verschlinge dann eins nach dem anderen, als könnte ich den misslungenen Ausflug unter diesem Genuss begraben, als ließe sich dieser Tag durch meine Kaffeekränzchenorgie retten, als würde ich mich an Randazzo und seinen verrammelten Restaurants und Bars rächen – als würde ich mir nehmen, was man mir hatte vorenthalten wollen.

Während ich eine Hälfte der Esterházy-Ricotta-Schnitte bereits vertilgt habe und nun mit der Gabel über die goldene Pappe kratze und die Creme von den Zinken lecke, wird mir die Lächerlichkeit meiner Empörung bewusst. Im selben Augenblick überfällt mich eine panische Angst vor dem Tod, als stünde er mir kurz bevor, als würde ich zum ersten Mal begreifen, dass mein Leben endlich ist, dass meine, dass unsere Tage tatsächlich gezählt sind, dass wir uns über kurz oder lang voneinander werden verabschieden müssen, dass es kein Danach gibt. Als wäre mir plötzlich die Empfindung, sterblich zu sein, als ein neuer Sinn erwachsen, als wäre zum Sehen, Hören, Tasten, Riechen und Schmecken nun endlich noch ein sechster Sinn erwacht, und als wäre erst jetzt meine Wahrnehmung vollständig. Ich verstehe nun, dass ich zum Tod verurteilt bin – wann immer das Urteil vollstreckt werden mag. Doch im selben Moment weiß ich auch, dass diese Vergleiche sinnlos sind, dass ich nichts werde begreiflich machen, nichts erklären können, dass es unmöglich ist, diesen Schock mitzuteilen oder gar zu veranschaulichen. Das eine erscheint mir so schlimm wie das andere. Das einzige Indiz für meine Verzweiflung ist, dass ich gerade zwei- oder dreimal mehr als nötig an meiner Gabel geleckt habe.

Ich lege die blanke Gabel auf die goldene Pappe neben die Esterházy-Ricotta-Schnitte. Tanja hat begonnen, den Zettel vorzulesen, den ich von der Pinnwand von St. Martin geklaut habe: »... ist XII im Jahrhundert gebaut worden, aber von solcher Konstruktion der Turm der Glocke die Bewachung nur, während der ganze Rest ist, hat selbst in den Jahrhunderten zurückgebracht, um sich zu ereignen. Er erhöht das, was wie Kirche der Mutter zur Primitive-Bevölkerung von Randazzo gedient wird, im Distrikt-›lombardo‹ und dem Platz des Kindes hätte und daß in Einnahme des Besuches das platziert kleine Kirchen von St. Clemente …« Ich bitte Tanja aufzuhören.»Nur eins noch«, sagt sie:»Letztlich sind die Arbeiten diese Aufeinanderfolgen an den Schäden des Krieges, veröffentlicht durch das Zivilgénie, das gemacht hat, um eine Kuppel oberhalb …«

Ich nehme die Gabel und stecke sie in die Esterházy-Ricotta-Schnitte, zum Zeichen, dass es mir reicht. Dann löffle ich den restlichen Schaum aus der Tasse und trinke das Wasser aus.

Abwechselnd, weil immer einer bei den schlafenden Kindern bleiben muss, gehen Tanja und ich hinaus in den Nieselregen, um das Kirchenportal besser betrachten zu können. Vor den schwarzen Lavasteinen scheinen seine schlanken weißen Säulen zu leuchten. Aber nicht mal die Tier-Kapitelle, auch nicht ihr bestes Stück, ein Hund mit Schlappohren, der jeden, der aus der Kirche tritt, traurig anblickt, können mich beruhigen oder trösten. Nach wenigen Minuten sitze ich wieder in der Pasticceria.

Das Touristenpaar neben uns hat begonnen, Schach zu spielen. Die anderen schreiben Ansichtskarten oder lesen Zeitung. Es ist, als wäre aus dem Frühling plötzlich November geworden.

Ich verstehe nicht mehr, warum ich heute darauf bestanden hatte, etwas zu unternehmen, warum ich mir unbedingt die Gegend hier hatte anschauen wollen, statt gemeinsam mit den anderen auch diesen Tag wieder auf der Terrasse zu verbringen, mit den Kindern Schwarzer Peter oder Mensch-ärgere-dich-nicht zu spielen, zu reden, Seume zu lesen, Musik zu hören, zu essen und zu trinken, mich zu sonnen oder einfach nur auf den Ätna zu blicken und die Wandlungen seiner Rauchfahne zu beobachten, die morgens, wenn wir noch im Schatten des Berges liegen, gerade aufsteigt, um sich dann T-förmig in den Wolken aufzulösen.

Ich blättere im DuMont-Kunstreiseführer. In Randazzo, erfahre ich, endete am 13. August 1943 mit dem Sieg der Alliierten für Sizilien der Zweite Weltkrieg. Eine Abbildung zeigt die Kirche von gegenüber, die aus dem 12. Jahrhundert stammt, an einem Sonnentag vor der klaren Kulisse des schneebedeckten Ätna. Bis zum Hauptkrater sollen es nur 15 Kilometer sein. Die Kinder wachen auf. Sie essen die Apfelstücke, die wir ihnen reichen.

Es hat aufgehört zu regnen. Wir verlassen mit den anderen Touristen die Pasticceria. Ich will weg von hier. Zwei Autos rasen durch die menschenleere Einbahnstraße in Richtung Lottostelle. Jetzt erst sehe ich, dass die Vorderfront der Kirche von Einschüssen übersät ist. Kaum einer der schwarzen Lavasteine ist unversehrt geblieben, ein Trichter am anderen, mal größer, mal kleiner. Diese Beobachtung überrumpelt mich, ja, sie stimmt mich plötzlich heiter, so als wäre ein Besuch in Randazzo, gleichgültig zu welcher Tages- und Jahreszeit, sowieso unumgänglich gewesen, und als wären wir allesamt Glückspilze, weil wir ja doch am Leben sind.

ZWEI FRAUEN

E in klarer sonniger Vormittag Anfang Mai auf dem Aventin. Wir konnten bis zu den Sabiner Bergen sehen. Eigentlich sollte der Vierminutenbeitrag für die *Kulturzeit* der Frage nachspüren, ob und wie das Leben die Literatur nachahmt. Dann aber hatten wir fast nur noch über die verschiedenen Benennungen gesprochen, die es für den 8. Mai auf Deutsch gibt – Tag der Befreiung, Kriegsende, Zusammenbruch, bedingungslose Kapitulation. Der Dreh hatte ein abruptes Ende gefunden, weil C., der Regisseur, zum Flughafen musste.

Wir anderen, Alberto, der Kameramann von der ARD in Rom, Sergej, der sich um den Ton kümmerte, und ich, wollten nicht so schnell auseinandergehen. Alberto schlug vor, noch gemeinsam zu essen, am besten in einem Restaurant, das Freunden seiner Familie gehöre. Wir fuhren am Tiber entlang flussaufwärts und standen bald im Stau. Alberto, so erfuhr ich, war ein Kind des Campo di Fiori, ja, er behauptete sogar, er sei auf dem Campo di Fiori geboren. Noch bis ins hohe Alter hatte seine Mutter dort als Gemüsehändlerin gearbeitet, sein Vater, von Beruf Elektriker, war Anfang der Dreißiger in die Kommunistische Partei eingetreten. »Ich bin Kommunist«, rief mir Alberto über die Schulter zu und lachte, »aber nicht so was,

33

was ihr hattet!« Meine ersten beiden Bücher kenne er nicht, die könne er auch gar nicht kennen, denn er kaufe prinzipiell nichts, was aus einem Berlusconi-Verlag komme. Sicher, ihm entgehe dadurch so manches, sagte er, »aber man muss sich entscheiden!«.

Kurz nachdem wir die Engelsburg auf der anderen Tiberseite passiert hatten, fand Alberto eine Parklücke. Von der Uferstraße stiegen wir eine Treppe hinab und wandten uns nach links, wo die Via Tor di Nona als Sackgasse endet. Den Namen des Restaurants weiß ich nicht mehr. Es war ein großer, schmuckloser Raum. Alberto bestellte für uns: Spaghetti mit Scampicreme und danach Kaninchen. Wir tranken keinen Wein, dafür viel Wasser und unterhielten uns über Fußball. Sergej, der Tonmann, sprach unentwegt über Lazio, darüber, dass Lazio wirklich nichts mit Faschismus zu tun habe. Bei Lazio gebe es eben auch Hooligans, doch die würde ich bei AS Roma genauso finden. Alberto lachte ihn aus und stieß ihn mehrmals gegen den Oberarm, als sollte er hier verschwinden. Dann aber rückten sie wieder eng zusammen, Alberto legte den Arm um Sergejs Schulter.

»Ich habe eine Geschichte für dich«, sagte Alberto und versuchte zu erzählen, warum ein in Rom lebender Deutscher, der sich überhaupt nicht für Fußball interessiert habe, neuerdings ein Fan der Roma geworden sei. Doch Alberto wurde unentwegt unterbrochen. Immer wieder trat jemand an unseren Tisch, um ihn zu begrüßen und dann auch Sergej und mir die Hand zu schütteln.

Die Geschichte ging so: Der Deutsche hatte sich das Bein gebrochen, war operiert worden und bekam einen Gips bis hinauf zum Knie. Seine Frau kaufte ihm – da er keine kurzen Hosen besaß – eine Sporthose und brachte sie ihm ins Krankenhaus. Der Deutsche bemerkte, dass man ihn einen Tag nach der Operation ungleich fürsorglicher behandelte als an den beiden vorangegangenen Tagen. Den Grund dafür erfuhr er, als eine Putzfrau »Bravo!« rief und auf seine kurze schwarze Hose deutete, die über der Stuhllehne hing. Am linken Bein fand er ein Wappen: in der oberen Hälfte, vor einem orangefarbenen Hintergrund, stand die kapitolinische Wölfin; darunter drei ineinander verschlungene orangefarbene Buchstaben – ASR – auf dunkelrotem Untergrund.

Während er erzählte und Hände schüttelte, hatte Alberto auch die Rechnung beglichen. Ich dürfe sie beide aber, sagte er, zum Kaffee in der Bar nebenan einladen.

Die Bar war winzig. Alberto begrüßte alle. Ich konnte nicht unterscheiden, wer Gast war und wer hier arbeitete. Die Wände verschwanden unter gerahmten Fotos, am häufigsten waren Pasolini und Anna Magnani vertreten, die anderen Gesichter sagten mir nichts. Direkt über dem Tresen hing ein schwarzrotgoldener Wimpel mit Hammer, Zirkel und Ährenkranz. Ich erzählte eine Episode, die mir Alain Lance, der französische Lyriker und Übersetzer, anvertraut hatte. Anfang der Achtziger durfte ein Dichter aus der DDR nach Paris reisen – er hat später sogar ein Buch darüber geschrieben, in dem er so tat, als wäre das die normalste Sache von der Welt. Diesen ostdeutschen Dichter lud Alain in ein Restaurant ein. Nebenbei erwähnte jemand, dass der Besitzer des Lokals ein bekanntes Mitglied der italienischen KP sei. Als der Besitzer sie verabschiedete, sagte der ostdeutsche Dichter stolz:

»Ich komme aus der Deutschen Demokratischen Republik!« Darauf der KP-Mann:»Ach, wie schön, dann können Sie ja jetzt die Freiheit genießen!« Alberto lachte, drohte mir mit dem Zeigefinger und rief:»Gute Geschichte! Gute Geschichte!«

Ich trank meinen Kaffee aus und wollte schon bezahlen, als eine füllige ältere Frau mit einem beeindruckenden Dekolleté hereingerauscht kam und Alberto um den Hals fiel. Das ärmellose Kleid war ihr zu eng geworden und endete über den Knien. Sie redete auf Alberto ein und fuhr sich dabei unentwegt und mit großer Geste durch das schwarz gefärbte Haar, so dass ich unwillkürlich immer auf ihre rasierte Achselhöhle starrte.

Ein paar Minuten später ging in der Bar das Licht an. Eben hatte noch die Sonne geschienen. Als ich vor die Tür trat, hingen Regenwolken tief über der Stadt. Plötzlich hörte ich ein Wimmern. Ein paar Meter weiter saß ein Mann im Rollstuhl, die Beine ausgestreckt. Über Schoß und Knien lag die gleiche grünblaue Ikea-Decke, die auch wir haben. Ein großes Hörgerät klemmte hinter einem Ohr, seine Gesichtszüge waren fein, die Haut blass und zart. In kurzen Abständen hob er seinen Kopf, um»Cinzia, Cinzia« zu wimmern.

Als ich ihn ansprach, verstummte er, fing aber gleich darauf wieder mit seinem»Cinzia, Cinzia« an. Sein Hemd und die Krawatte waren schon länger nicht mehr gewechselt worden.

In der Bar erkundigte ich mich bei dem Mann am Espressoautomaten nach Cinzia. Der nickte nur zu der Frau im engen Kleid hinüber.

Ich ging wieder hinaus und fragte den Mann im Rollstuhl,

ob ich ihm etwas bringen könne. Er verstummte, ich wiederholte meine Frage.

»Ah, *tedesco!*«, sagte er mit seiner dünnen Stimme, ohne mich anzusehen. Ich bejahte. Da begann er zu reden. Ich verstand nur hin und wieder etwas. Er sprach zu leise, und es war anstrengend, sich die ganze Zeit zu ihm hinabzubeugen. Er klang wie ein leise surrendes Rädchen. Seine Hände zitterten immer mehr, als strenge ihn das Sprechen an.

Wenn ich ihn richtig verstand, erzählte er von München, davon, dass er früher einmal dort gearbeitet habe oder zumindest länger dort gewesen sei. Gerade ging ich neben seinen Knien in die Hocke, als es in den Pappeln der Uferstraße rauschte und ein Platzregen losbrach. Ich versuchte, den Rollstuhl in die Bar zu schieben, löste aber statt der Bremsen die Arretierung für die Fußstützen, so dass seine im Dreißig-Grad-Winkel angehobenen Unterschenkel in die Senkrechte klappten. Als ich endlich den richtigen Hebel gefunden hatte und den Rollstuhl mit aller Kraft in Richtung Bar schob, blieben die kleinen Vorderräder in einer Spalte oder an einer Kante hängen, so dass der Mann fast nach vorn gestürzt und auf das Pflaster geschlagen wäre. Zum Glück hatte er sich an den Seitenlehnen festgehalten, als kennte er ähnliche Situationen. Er schien weder den Regen noch meine ungeschickten Bemühungen zu bemerken und redete auch gleich weiter. Alberto sprang mir bei, drehte den Rollstuhl um und zog ihn rückwärts in die Bar hinein. Vor der Theke ließ er ihn einfach stehen und widmete sich wieder Cinzia, die sich nicht einmal nach dem Alten umgedreht hatte.

Als mich Alberto und Sergej eine halbe Stunde später in

die Villa Massimo zurückfuhren, machte ich ihnen Vorwürfe. Der Alte habe zwar seinen Kaffee und ein Glas Wasser bekommen, aber niemand habe sich ihm zugewandt und ein paar Worte an ihn gerichtet, ja, man habe ihn überhaupt nicht beachtet.

»Der ist ein Verbrecher«, sagte Alberto, und Sergej nickte. »Ein richtiger Verbrecher.«

»Ein Faschist?«, fragte ich.

»Das auch«, lachte Alberto, »auch das!« Er schob sich die Sonnenbrille in die Haare. Vor dem Tunnel, der unter der Villa Borghese hindurchführt, blinkte Blaulicht. Der Verkehr kroch auf einer einzigen Spur weiter.

»Er ist ein, wie sagt man, ein Frauenverbrecher.« Und während wir langsam in den Tunnel fuhren, erzählte mir Alberto, was er über ihn wusste.

Der Mann hatte vor langer Zeit zwei Frauen vergewaltigt, eine davon war Cinzia. Sie erstattete Anzeige. Er wurde aber nicht verurteilt, weil die andere alles zurücknahm und auf sein Angebot einging, ihn zu heiraten. Das machte die Anklage zunichte. Cinzia wurde Eifersucht, Rachsucht, sogar Verleumdung vorgeworfen. Er war, wie es hieß, sehr wohlhabend, um nicht zu sagen: reich. Als die andere Frau Ende der Achtziger starb, habe dieser Mann Cinzia dasselbe Angebot gemacht. Er versprach, sie als Alleinerbin einzusetzen. Cinzia, kinderlos und von zwei Ehemännern verlassen, willigte ein. Das Vermögen allerdings war längst nicht mehr so märchenhaft, wie sie geglaubt hatte. Trotzdem sei es noch so viel, dass Cinzia nicht geizen müsse, wenn es um Liebhaber gehe, wobei er, Alberto, nicht sicher sei, was davon stimme und was nicht.

Wir passierten zwei schräg auf der linken Fahrbahn stehende Wagen, fuhren zügig weiter und auf die Via Nomentana hinaus. Ich könne ja etwas über den Herrn schreiben, sagte Alberto, mit Deutschen unterhalte der sich sowieso am liebsten. Er lachte kurz auf. Dann ließ er die Sonnenbrille wie ein Visier vor die Augen fallen und wechselte auf die Taxispur.

AUGUSTO, DER RICHTER

Ich werde Ihnen nicht alles erzählen, so wie mir Augusto nicht alles erzählt hat. Das ist halt so, ein paar Sachen behält man lieber für sich. Ansonsten werde ich versuchen, möglichst genau zu sein, so genau, wie es meine Erinnerung zulässt. Ich weiß sogar noch das Datum, an dem ich Augusto traf. Das war am 10. August 2007. Die Hitze hatte von einem Tag auf den anderen nachgelassen. Statt der Zikaden waren wieder die Tauben zu hören. Und ich wagte mich zum ersten Mal seit zwei Monaten – mir war beim Fußballspielen die Achillessehne gerissen – allein aus der Villa Massimo hinaus. Eigentlich wollte ich nur kurz zur Post, doch wegen der angenehmen Temperatur und weil ich es genoss, wieder ein Bein vor das andere setzen zu können, ging ich von der Piazza Bologna die Viale XXI. Aprile entlang. Ich humpelte noch, aber die Narbe tat nicht mehr weh. Statt die Villa auf kürzestem Weg zu umrunden und an dem eingerüsteten Kriegerdenkmal nach links abzubiegen, überquerte ich die Kreuzung in Richtung GS, das war der am nächsten gelegene Supermarkt. Man spricht es hier Dschi-Esse aus und nicht englisch Dschi-Ess, wie wir immer sagten. Plötzlich hatte ich die Idee, Fisch zu kaufen, um Tanja und die Kinder mit einem guten Essen zu überraschen, wenn sie abends vom Meer zurückkehrten.

An dem Schmerz, den ich plötzlich in der Hüfte spürte, merkte ich, dass ich mich übernommen hatte. Ich setzte mich auf die Bank am Zeitungskiosk. Von dort aus kann man schon die dunkelhäutigen Männer sehen, die vor dem GS stehen. Sie verdienen ihr Brot, indem sie an der Kasse die Einkäufe in *buste*, in weiße Plastetüten, verpacken. Im Februar, gerade erst in Rom angekommen, waren wir noch erschrocken, als Fremde nach unseren Sachen griffen. Wir brauchten keine Laufburschen, keine Diener. Doch schon beim nächsten Mal akzeptierten wir ihre Hilfe – alle machten es so – und sahen den Männern zu, wie sie unsere Einkäufe in die Plastetüten stopften. Danach sortierten sie die Tüten zu zwei gleich schweren Bündeln. Das war auch dann von Vorteil, wenn man die Sachen nicht selbst trug, sondern rechts und links an den Kinder-Buggy hängte, ohne den wir fast nie einkaufen gingen.

Mit keinem der Männer hatte ich je mehr als ein paar Worte gewechselt. Von einigen wusste ich, woher sie kamen. Demjenigen, der half, gab ich einen Euro. Waren wir mit dem Auto da, erhielten sie zwei, weil sie auch noch die Sachen hinausbrachten und einräumten und beim Ausparken halfen – ein Baucontainer versperrte die Sicht. Heute ist mir klar, dass zwei Euro zu viel sind, zumindest im Vergleich zu dem, was andere zahlen, und dass solche Extravaganzen nur Unordnung stiften, einen regelrechten Schlamassel wie bei meinem letzten Einkauf Mitte Juni. An jenem Tag hatten sich gleich drei Männer auf die Sachen gestürzt, obwohl es der Tamile gewesen war, der Jüngste unter den Packern, der mir den Einkaufswagen ausgelöst und gebracht hatte. Damit war ich eigentlich zu seinem Klienten geworden. Dann aber hatten der Graue, ein älterer Maghrebiner, und der schöne Ägypter, dessen Kinn von einer Narbe in eine obere und eine untere Hälfte geteilt war, ebenfalls zugegriffen. Sie grapschten um die Wette nach jeder Schachtel, jedem Becher, jedem Beutel, jeder Flasche, nach allem, was der Kassierer auf den Packtisch rutschen ließ. Sie kämpften mit den Ellbogen, sie fauchten fast lautlos, den Kassierer immer im Blick. Ich wollte dem Tamilen zu seinem Recht verhelfen. »Signori«, rief ich, »Signori!«, zeigte auf ihn und sagte »Lui«. Mehr fiel mir nicht ein. In diesem Moment fuhr der Kassierer herum – derselbe, der ein paar Tage zuvor seine Kollegin mit Brokkolistückchen beworfen hatte und dabei vor Lachen fast geplatzt war, weil sie nicht gleich bemerkte, woher das Zeug geflogen kam –, dieser Signore im roten Kittel stieß seinen Zeigefinger jedem der Männer gegen die Brust, klatschte darauf in die Hände und trieb mit Armbewegungen, als scheuchte er Hühner vor sich her, die Männer hinaus. Schweigend kehrte er an seinen Platz zurück und ließ weiter Stück für Stück über den Laserstrahl wandern. Ich stand da und hörte auf das leise Piepen des Geräts, als zählte ich mit.

Wie selbstverständlich mir die Hilfe der Männer geworden war, bemerkte ich bereits bei meinen ungelenken Versuchen, die platt gepressten Plastetüten zu öffnen. Was bei den Packern nur ein Rascheln zwischen den Fingern war, gefolgt von einer knappen Bewegung, unter der sich die Tüten wie kleine Fallschirme öffneten, missriet mir zunächst immer wieder. Dem Mann nach mir erging es ähnlich.

Nach mehreren zerrissenen Tüten hatte ich endlich die erste gefüllt, als der Kassierer schon das Holz an der Trennwand des Packtischs wie eine Weiche umlegte, so dass die Einkäufe der übernächsten Kundin gleich zwischen meine rutschen würden. Da war plötzlich der Albaner erschienen, der Chef der Packer, der Älteste unter ihnen und derjenige mit der hellsten Haut. Er hatte sich weder durch Kopfschütteln noch Schweigen noch Flüche von der rechten Seite des Kassierers vertreiben lassen. Unbeirrt hatte der Albaner auf den Rotkittel eingeredet und, nachdem wohl alles gesagt war, ihm seine Linke hingehalten, mit der schwieligen Handfläche nach oben. So hatte er ausgeharrt, bis der Kassierer endlich zum Zeichen des Einverständnisses mit seiner Rechten daraufgeschlagen hatte. Einen Augenblick später war der junge Tamile wieder vor mir aufgetaucht und hatte den leeren Einkaufswagen, seinen Einkaufswagen, übernommen.

Als ich von der Bank aufstand, tat mir die Hüfte immer noch weh. Einige der Packer hockten auf dem rotweißen Geländer, das den schmalen Parkplatz von der Straße trennte, und starrten den Grauen aus dem Maghreb an, der mit dem Rücken an einem Laternenmast lehnte. Seine Arme hingen herab wie schlaffe Schläuche. Zuerst dachte ich, die Männer seien wieder vertrieben worden und brächten mir deshalb keinen Einkaufswagen. Ich wäre ihnen dankbar gewesen für jeden Schritt, den sie mir erspart hätten. Erst als ich mit dem Einkaufswagen auf den Eingang zusteuerte, winkte mich der Albaner heran. Ich humpelte weiter. Nun machten sich auch die anderen bemerkbar. Sie sprangen vom Geländer und deuteten auf den Grauen, der sich langsam zu mir umdrehte, ohne den Rücken vom Mast zu nehmen, als wäre er daran gefesselt. Als ich näher trat, sah ich seine geröteten Augen.

Soviel ich verstand, war er von einem Wagen, dem er beim Ausparken hatte helfen wollen, angefahren worden. Der Albaner sprach derart aufgebracht, als ob ich der Schuldige wäre. »Una Audi!«, rief er und hackte sich mit der Handkante gegen das Knie. Daraufhin löste sich der Graue vom Mast und führte mir einen Gehversuch vor, knickte jedoch sofort ein, als er das linke Bein belastete, verzog das Gesicht und lehnte sich wimmernd wieder an den Mast.

»Er braucht einen Arzt«, sagte ich. »Worauf warten Sie?!« Nach dem Riss meiner Achillessehne hatte die Schwester in der Notaufnahme nicht mal nach meiner Versicherung gefragt. Jedem wurde hier geholfen. Keiner der Männer antwortete, so als hätte der Anblick des Grauen sie alle hypnotisiert.

Ich fragte, ob ihnen der Fahrer bekannt sei oder ob sie sich das Autokennzeichen gemerkt hätten. Normalerweise war hier schwer eine Parklücke zu finden. An diesem Augusttag stand kein einziger Wagen da. Der Ägypter stieß einen Pfiff aus und wedelte mit seiner Hand, was wohl hieß, der Fahrer habe sich davongemacht. Sie sollten ein Taxi rufen, sagte ich, oder den nächsten Kunden mit Auto bitten, ihn zu fahren.

Der Graue zog sein verletztes Bein an, als ahmte er einen Storch oder Reiher nach. Als sich unsere Blicke trafen, streckte er eine Hand aus. Der kleinste Schein in meinem Portemonnaie war ein Zehner. Ich ging zu ihm. Nicht nur sein Gesicht, auch die Schuhe, die Hose, das Hemd, die Hände − alles war von Staub bedeckt, als hätte er sich auf dem Boden gewälzt. Er klemmte den Schein mit dem Daumen auf dem Handteller fest, ohne den Arm sinken zu lassen. Er wollte mehr.

Ich machte kehrt und ging in den GS. Hatte ich versagt

und versucht, mich mit zehn Euro freizukaufen, oder war ich auf raffinierte Art geschröpft worden? Im GS bekam ich gleich eine Gänsehaut. Denn drinnen war es wie immer spürbar kühler. Ich muss gestehen, dass ich gern einkaufen ging, zumindest in Italien. Selbst in diesen für römische Verhältnisse eher durchschnittlichen Supermarkt tauchte ich regelrecht ein. Doch heute war die Fischtheke, die ich wie üblich als Erstes ansteuerte, leer – ja, die ganze Abteilung war geschlossen.

Ich kann mich an keinen Einkauf erinnern, bei dem ich hier keine Nummer gezogen und mich nicht zu den Wartenden gesellt hätte. Ich bewunderte die Verkäufer, die sonst hier arbeiteten, die immer mit beiden Händen nach den Fischen griffen und zwei oder drei gleichzeitig hochhielten, damit man wählen konnte, die die Flossen abtrennten, die Fische schuppten, aufschnitten, ausnahmen und wogen, auf Wunsch auch filetierten, in Papier einschlugen, in eine Tüte steckten und auf die Theke legten. Und wie armselig waren meine Kenntnisse schon allein angesichts der Auswahl an Tintenfischen, Muscheln und Austern. Dieses Angebot war hier selbstverständlich, genauso selbstverständlich wie das Gespräch über die Zubereitung. Selten habe ich mein miserables Italienisch mehr bedauert als an dieser Fischtheke. Sogar mir erteilten die Verkäufer Ratschläge und verliehen ihnen Nachdruck, indem sie die Kuppen von Daumen und Zeigefinger zusammenlegten und einen Kuss darauf hauchten. Wahrscheinlich wären wir jedes Mal mit Handschlag voneinander geschieden, hätten sie keine Handschuhe getragen. Und nie vergaßen sie, sich nach dem Resultat zu erkundigen. Ich bohrte dann stets einen Zeigefinger in die Wange und sagte:»*Buono, buono!*«

Auch am Stand für Fleisch und Käse hatte man gewöhnlich eine Nummer zu ziehen und zu warten, bis diese per Lautsprecher ausgerufen wurde. An diesem Tag jedoch saß die Verkäuferin auf einem Hocker unter herabhängenden Schinken und blätterte in einer Illustrierten. Schwerfällig erhob sie sich und streifte einen durchsichtigen Handschuh über ihre Rechte. Wie immer sagte ich mein Sprüchlein:»*Due etti di questo*«, und drückte einen Finger gegen die Glastheke, um mit einem mehr oder weniger gnädigen»*poi?*« um die nächste Bestellung gebeten zu werden. Von dort ging ich zum Gemüse – wir aßen viel Fenchel, Fenchel mit Fisch –, dann zum Obst – im Sonderangebot Feigen – und schließlich zu dem Kühlregal mit den verschiedenen Pastasorten.

Mich auf den Wagen zu stützen verschaffte meiner Hüfte Erleichterung. Deshalb fuhr ich weiter die Regalreihen entlang. Nachdem ich mich auch mit Wasser, Milch und Bier eingedeckt hatte, bog ich in die Weingasse ein.

Ich habe keine überzeugende Erklärung für meine Gedankenverlorenheit, für meinen Blackout. Normalerweise kaufte ich nur noch mit Zettel ein, weil ich wusste, wie es endete, wenn ich mich treiben ließ. Deshalb war es wohl weniger die Gewohnheit, die mich maßlos machte, als vielmehr das Glück, mich endlich wieder selbst bedienen, mir die Herrlichkeiten dieser Welt eigenhändig in den Korb legen zu können. Nach dem Wein griff ich auch noch nach einem Sechserpack roten »Bitter«.

»Brauchst du Hilfe?«, fragte auf Italienisch ein indisch aussehender junger Mann. Über seinem hellen, ausgewaschenen Hemd trug er eine grüne Warnweste. Wegen seiner gestylten Frisur – sie erinnerte mich merkwürdigerweise an die der Hitlerjugend – hielt ich ihn zuerst für einen Kunden. Er muss mir meine Überraschung angesehen haben, denn sein Lächeln wurde breiter.

»Ich helfe dir«, sagte er. »Was brauchst du?«

»Nichts«, sagte ich. Sollte ich die Einkäufe zurück in die Regale und Kühltruhen räumen? Das Päckchen von der Wurst- und Käsetheke konnte ich selbst tragen. Ich zögerte einen Augenblick zu lang, weil ich mich vor dem Inder genierte. Doch da zog er auch schon meinen Einkaufswagen hinter sich her zur Kasse. Hatte er bemerkt, dass ich ohne Buggy und Auto die Sachen unmöglich allein tragen konnte? Er fing an, meine Einkäufe aufs Band zu legen.

»Deine Karte?«, fragte er.

Da ich unsere Kundenkarte nicht dabeihatte, mit der wir von Anfang an Bonuspunkte sammelten, um uns römischer zu fühlen, reichte er dem Kassierer seine eigene. Der Kassierer aber holte selbst eine Karte hervor und zog sie durch den Automaten.

»*Sei buste*«, sagte der Inder und steckte seine Karte wieder ein.

Er beherrschte nicht nur den Trick, die Plastetüten zu öffnen. Mit dem nächsten Griff schlug er die Ränder um und verstaute die Einkäufe, sobald sie aus den Händen des Kassierers über die Schräge rutschten. Während ich bezahlte, fuhr er den leeren Wagen nach draußen, kehrte zurück und überreichte mir den ausgelösten Euro.

Eigentlich wollte ich den Märchenprinzen in seiner grünen Warnweste bitten, so lange auf meine Einkäufe aufzupassen, bis ich jemanden in der Villa Massimo gefunden hätte, der mich mit dem Auto aus meiner Verlegenheit erlöste. Ich überlegte auch, mich an die Straße zu stellen und auf ein Taxi zu warten. Doch dann wäre es wohl an mir hängen geblieben, den Grauen ins Krankenhaus zu fahren.

»Gehen wir«, sagte der Inder und nahm die Tüten auf – mit jeder Hand drei. Für mich blieb nur der Sechserpack der grünen 1,5-Literflaschen Mineralwasser.

Der Graue hielt immer noch sein Bein angezogen. Die Männer neben ihm redeten auf zwei Nonnen ein.

»Wohin geht's?«, fragte der Inder.

»Largo di Villa Massimo«, sagte ich und nickte in Richtung Kreuzung.

»Wohnst du hier?«

»Ja«, sagte ich, »bis Januar.«

»Was machst du?«

»*Sono scrittore*«, sagte ich.

Er lachte, als hätte ich einen Witz gemacht.

»Und was schreibt der Schriftsteller?«

»Geschichten, Romane.«

»Kriminalromane?«

»Nein. Und Sie?«

»*Sono scrittore*«, antwortete er und lachte wieder, so dass ich nicht wusste, ob das als Antwort gemeint war oder ob er mich nachäffte. »Ich bin Schriftsteller und trage Einkäufe nach Hause. In Pietralata. Das ist nicht so vornehm wie hier.«

»Ist es hier vornehm?«

»Sehr vornehm. Hier erlebst du richtig was.«

»Deshalb sind Sie hier?«

»Weil die in Pietralata Ferien machen.«

Als wir nur noch ein paar Schritte von der Kreuzung entfernt waren, schaltete die Fußgängerampel auf Rot. Ich setzte den Sechserpack ab.

»Und was schreiben Sie?«, fragte ich. Ich hatte erwartet, er würde erneut in Lachen ausbrechen. »Wir werden sehen«, sagte er und setzte ebenfalls die Sachen ab. »Ich hab so ein paar Ideen.« Er tippte sich mit den Fingerkuppen der rechten Hand gegen die Schläfe. »Ein paar Ideen.«

Ich sagte meinen Namen und dass ich aus Deutschland sei und fragte, woher er komme.

»Ich heiße Gustel«, antwortete er auf Deutsch. »Aber hier nennen mich alle Augusto.«

Augusto kam aus Rumänien, aus Codlea bei Braşov, und hatte, wie er sagte, bei den Nachbarn Deutsch gelernt. Die Ampel schaltete auf Grün.

Auf der anderen Straßenseite, neben dem Denkmal aus der Zeit des Faschismus für die Carducci, die Gefallenen der Guardia di Finanza, hatte der Eremit, wie wir ihn nannten, seinen Dienst begonnen. Selbst bei Hitze trug er einen schweren Mantel und eine hohe schwarze Mütze, die er sich, sobald er an ein wartendes Auto trat, vom Kopf riss. Sein weißes, etwas gelbliches Haar stand ihm wie ein Kranz um den Kopf. Unter der rechten Achsel eine Krücke, wie ich sie sonst nur von russischen Gemälden kenne, schwang er sich mehr, als dass er ging, von Wagen zu Wagen. Mich hatte er schon mehrmals angehalten, indem er mit einem fast höhnisch zu nennenden

Lachen auf den voll beladenen Buggy gezeigt hatte, auf eine Flasche Wasser oder Bier, als entdeckte er bei mir sein Eigentum, als gehörten die Einkäufe in Wirklichkeit ihm. Diesmal nahm er von mir keine Notiz. Und auch etwas weiter, vor der modernen Kirche, zu der eine vom Opus Dei betriebene Schule gehört, bettelte heute niemand. Ich erwähne das, weil es hier kaum eine Kreuzung oder Kirche gibt, an der nicht jemand Geige spielt oder jongliert oder einem einfach die Hand hinhält.

Augusto blieb manchmal stehen und wartete auf mich, ohne die Einkäufe abzusetzen. Immer wieder gähnte er, als langweilte er sich mit mir zu Tode. Ich war unsicher, wie viel ihm für seine Trägerdienste zustanden. Fünf Euro? Oder mehr? Sollte ich es in Relation zu dem Geld betrachten, das ich gerade ausgegeben hatte, es wie ein Trinkgeld berechnen, oder ihm seinen Zeitaufwand entschädigen, eine halbe Stunde inklusive Rückweg?

»Kommt es oft vor, dass Sie Einkäufe nach Hause bringen?«

»Aber ja«, sagte Augusto. Er musste erneut gähnen und schüttelte, wie um es zu unterdrücken, den Kopf.

»Sie hatten wohl eine kurze Nacht?«

»Schau mal!« Er setzte die Tüten ab und zog ein Hosenbein hoch. Sein ganzer Unterschenkel war mit Schürfwunden und Kratzern übersät.

»Was ist das?«, fragte ich.

Er zeigte mir sein anderes Bein, das ebenso zugerichtet war, raffte Weste und Hemd hoch, drehte sich herum und präsentierte mir seinen malträtierten Rücken.

»Das sind doch Bisse!?«, rief ich.

Augusto ließ das Hemd nach unten rutschen, lächelte und griff wieder nach den Beuteln.

»Warten Sie«, sagte ich und setzte meine Fracht ab. Der Plastestreifen des Sechserpacks schnitt mir in die Finger. Am liebsten hätte ich mich wegen meiner schmerzenden Hüfte aufs Trottoir gekniet.

»Was ist denn passiert?«

»Das glaubst du mir nicht!«

»Warum sollte ich Ihnen nicht glauben?«

Augusto fixierte mich. Er konnte Anfang zwanzig sein, aber auch dreißig oder sogar etwas darüber. Er hatte tiefschwarzes Haar, hohe Wangenknochen, eine glatte Stirn, und sein Mund war so fein geschnitten wie das ganze Gesicht. Das Braun seiner Augen wirkte fast schwarz.

»Gehen wir weiter«, sagte er und nahm die Sachen auf.

»Müssen Sie den Kassierern etwas abgeben – oder dem Albaner?«, fragte ich. »Wer bestimmt, wer einpacken darf und wer nicht?«

Augusto wartete, die Tüten in den Händen, und tat, als habe er mich nicht gehört. Ich bereute bereits meine Frage.

»Wissen Sie, was das hier für ein Baum ist?«, fragte ich und antwortete schnell selbst. »Ein Götterbaum.«

Man sah die Stellen, an denen Zweige abgeschnitten worden waren. Ich erzählte, dass uns eine Freundin, eine gelernte Gärtnerin, im Juli besucht und uns Seidenraupen geschenkt hatte. Und dass meine Frau seither auf der Suche nach Götterbäumen war. Denn Seidenraupen fressen nur die Blätter von Maulbeer- und Götterbäumen. Ich sagte, dass wir oft in der Küche vor dem Terrarium gesessen und den Raupen zugesehen hätten, wie sie Blätter fressend über die Zweige gekrochen waren. Vor zwei Wochen etwa hatten sie sich verpuppt und dabei ihre Köpfe unaufhörlich bewegt, als wollten sie eine umgekippte Acht in die Luft zeichnen. Das Terrarium hatten wir danach auf den Küchenschrank verfrachtet, und erst heute Morgen, also am Morgen des 10. August, war uns der große Falter aufgefallen, der auf einem Zweig gesessen und seine dunklen Flügel auf- und wieder zugeklappt hatte, auf und zu, ohne sich von der Stelle zu rühren.

Augusto verzog keine Miene. Ich nahm die Flaschen wieder auf.

»Gestern erschien eine Signora in einem großen Citroën«, begann Augusto, als habe er nur darauf gewartet, endlich zu Wort zu kommen. »Der größte Citroën, den es gibt. Sie steigt aus. Eine Signora mit Hut, nicht mehr jung, aber schlank und drahtig. Der Chef bediente sie mit einem Einkaufswagen ...«

»Der Albaner?«

Augusto nickte. »Sie dreht sich nach uns um, sieht von einem zum anderen, schiebt für einen Moment die Sonnenbrille nach oben und zeigt schließlich auf mich, ja, auf mich, nur eine Handbewegung, so, mit dem Zeigefinger, nichts weiter. Sie macht kehrt und geht rein. Aber wie sie geht, ihr Hintern, der schönste Arsch der Woche, ja, der schönste des Sommers, einer, dem du tagelang nachlaufen kannst, ohne müde zu werden. Sie wartet schon vor dem Mineralwasser. Sie sagt ›zehn‹ und zeigt auf die Sechserpacks. Wir kaufen Milch, zwölf Liter, und fünf Sechserpacks Bier. Ich trag ihr alles zur Kasse und von da in den Citroën. Ich beeile mich nicht, doch ich trödele auch nicht. Sie beobachtet mich, sie lässt mich nicht aus den Augen.

Plötzlich weißt du nicht mehr, wie du laufen sollst, weil sie dir zusieht. Ehrlich! Ich denke nicht daran, was sie mir geben wird, ich bin nur glücklich, glücklich, in ihrer Nähe zu sein, sie zu sehen, ihr Parfüm zu riechen, ah, ihr Parfüm!«

Augusto hob den Kopf und sog die Luft ein, als könnte er seine Signora noch riechen.

»›Mach zu‹, sagt sie, als alles drin ist, und ich schließe den Kofferraum. Doch sie steigt nicht ein, stattdessen macht es ›klack‹, die Türen sind verriegelt, und sie geht davon. Ich schieb den Wagen noch zurück und geh ihr nach, immer ihrem Arsch nach. Sie geht zum Bäcker, nur eine Ecke weiter. Sie dreht sich nicht um, sie weiß, dass ich ihr folge. Beim Bäcker klemme ich mir zwei große Papiersäcke mit Broten unter die Arme, die kommen auf die Rücksitze. Ich stelle sie ab und sie – sie zeigt auf die Beifahrertür, setzt sich selbst hinters Steuer und winkt ungeduldig, ich soll einsteigen. Ich tue es – helle Ledersitze. Ich ziehe die Tür zu – und bin schon angeschnallt, als könnte sie zaubern, und los geht's. Die anderen starren mich an, als würde ich gen Himmel fahren.«

Auch wenn ich stehen blieb und die Flaschen absetzte, sprach Augusto weiter, die Tüten in seinen Händen. Ich habe mir nicht alle Stationen gemerkt, nur die, die ich kannte, die Markthalle an der Piazza Vittorio und das Limati, bei dem zu meiner Genugtuung auch Augustos Signora ein paar Hunderter ließ. Der Fleischer war derselbe, den wir zufällig bei unserem ersten Spaziergang nicht weit vom Pantheon in der Via Maddalena entdeckt hatten. Bei ihm arbeiten fast nur Asiaten, die mit ihren Tüchern, die sie wie breite Haarbänder tragen, und den langen Messern wie Seeräuber aussehen.

54

Augusto und ich waren an der Pforte der Villa Massimo angelangt, als die Signora in seiner Erzählung ihre Besorgungen erledigt hatte und mit Augusto und ihrem voll beladenen Citroën nach Parioli fuhr, vorbei an dem gelben Krankenhaus (in dem ich von den Wunderhänden des Professore Thomas operiert worden war), die Straße weiter hinauf. Sie hielten vor einem großen, heruntergekommenen Haus, einem kleinen Palazzo, dem ältesten in der Gegend. Laut Augusto sah es aus, als hätte sich eine Kletterpflanze des Palazzos bemächtigt, ja, sich regelrecht über diesen geworfen. Eine Hälfte sei schon völlig überwuchert gewesen. Grüne Netze, wie man sie um Obstbäume legt, um sie vor Vögeln zu schützen, waren um die reichen Verzierungen über den Fenstern und an den Balkonen gespannt.

»Die Netze sollen dafür sorgen, dass nichts herabfällt«, sagte Augusto. »Aber das ist nur Show, verstehst du?«

»Sie meinen, diese Balkone sind gar nicht baufällig?«

»Genau! Sie wollen nicht, dass man merkt, wie reich sie sind. Nichts darf auf das Innere deuten, denn drinnen ist alles prächtig, kostbar und mitnichten verfallen. Von innen sieht selbst das Tor anders aus als von außen. Drinnen ist Platz, viel Platz, ein Innenhof mit Brunnen und Kunstwerken, mit Hecken und Palmen, ein Park mit weißem Kies, viel Kies. Und zwei Citroëns, genauso wie der, in dem ich saß und aus dem ich nicht aussteigen konnte, denn ich war angegurtet und wusste nicht, wie das geht, wie er sich lösen lässt, der Gurt. Ich schau raus, ich klopfe gegen die Scheibe, weil die Signora ausgestiegen ist und ich allein da drin bin und die Tür nicht öffnen kann. Und was sehe ich? Eine Signorina, ihr Ebenbild, gleichsam die Signora vor zwanzig Jahren. Und sie kommt ganz nah heran, sie beugt sich herab, ihre Nase berührt fast die Scheibe, und sie lächelt. Sie öffnet die Tür. ›Willkommen!‹, sagt sie und reicht mir die Hand, als brauchte ich Hilfe. ›Da hast du uns ja einen schönen Gast mitgebracht‹, sagt die Signorina. ›Wie heißt du?‹, fragt sie. ›Augusto hat mir geholfen‹, sagt die Signora.«

»Und der Gurt?«, fragte ich.

»Der war weg, von allein, einfach weg«, sagte Augusto so erstaunt, als wäre es eben erst passiert.

»Und dann?«, fragte ich.

»›Willkommen Augusto‹, sagt die Signorina. ›Hilfst du uns noch ein bisschen?‹ – ›Ja‹, sage ich, ›wenn Sie das wünschen.‹ Ich trug das Wasser, das Bier, die schweren Sachen nach oben. Und die beiden immer drei, vier Stufen vor mir, im Gleichschritt, eins, zwei, eins, zwei. Hätte ich die Hände frei gehabt, hätte ich ihre Waden …«

Das Tor der Villa Massimo öffnete sich. Wir mussten die Einkäufe aus dem Weg räumen, weil ein Lieferwagen herausfuhr. Ich wollte die Gelegenheit nutzen und hineingehen, griff auch nach den Flaschen, doch Augusto war derart in seiner Erzählung versunken, dass er nicht reagierte.

Er beschrieb die Küche als eine Halle, mit einem großen Herd in der Mitte und einem Kamin in der Ecke. »Und für das Geschirr«, sagte er, »haben sie eine Maschine. Sie brauchen nicht abzuwaschen, das macht die Maschine.«

»Eine Spülmaschine.«

»Eine Maschine, die Geschirr und Töpfe und Besteck abwäscht«, belehrte mich Augusto. »Und plötzlich ist da eine dritte Frau, die mittlere Schwester. Sie könnten Drillinge sein, eine so schön wie die andere, nur aus verschiedenen Zeiten. Die mittlere Signora entschuldigt sich, niemand habe ihr meine Ankunft gemeldet. ›Aber jetzt‹, sagt sie, ›werde ich mich um Sie kümmern.‹ Ich sage, dass ich wieder zum Auto muss, aber das lässt sie nicht zu. Sie nimmt meinen Arm und führt mich in einen Saal, einen Saal mit breiten dunklen Dielen, die glänzen. Sie zieht die Jalousie nach oben. Ihr Körper zeichnet sich unter dem dünnen Kleid ab. Ich warte noch einen Moment, bevor ich zum Fenster gehe. Links der Pincio, geradezu der Gianicolo, rechts davon San Pietro, direkt unter mir eine Terrasse mit einem kleinen Springbrunnen und Papageien auf dem Rand, lebende Papageien. Wenn der Wind die Fontäne zur Seite biegt und Wasser auf die Steinplatten spritzt, flattern sie auf, kreischen und lassen sich gleich wieder an derselben Stelle nieder. Dort treten sie von einem Bein auf das andere – heißt es Bein? – und warten auf die nächste Windböe. Ich wage es nicht, mich zu setzen. Erst als sie mit einem Kaffee zurückkehrt und fragt, warum ich es mir denn nicht gemütlich mache, lasse ich mich in einen Sessel fallen. Ich verschwinde fast zwischen den Armlehnen. Sie bietet mir Zigaretten an, gibt mir Feuer, schiebt den Aschenbecher heran und stellt eine Schale mit Früchten neben mich.«

Ich hatte die Tür der Pforte geöffnet und war mir unschlüssig, ob ich mich nun von Augusto verabschieden sollte.

»Weißt du, wo ich erwachte?«, fuhr er fort. »In einer großen Wanne! Ich liege in einer Badewanne, ein Kissen im Nacken. ›Geht es dir gut?‹, fragt die Signorina, die im Morgenmantel vor einem Spiegel steht und ihre Wimpern tuscht.«

»Wie sind Sie denn in die Badewanne gekommen?«

»Wenn ich das wüsste!«, sagte Augusto.

»Sie meinen, die Damen haben Sie eingeschläfert, ausgezogen, ins Bad getragen und in die Wanne gelegt?«

»Ja, so muss es gewesen sein!«, sagte Augusto. »Ich war betäubt, mein Körper war betäubt, Beine, Arme, Hände, mein Kopf – ich erwache allmählich. Die Signorina bemerkt es noch vor mir, sie lächelt. Ich sehe ihr Lächeln im Spiegel.«

»Bemerkt, dass Sie aufgewacht sind?«

»Mein Schwanz ragte ein Stück aus dem Wasser. Ich drehe mich seitlich, ich habe keine Ahnung, was passiert ist. Von meinen Sachen fehlt jede Spur. Die Signorina lässt sich Zeit. Sie schraubt ihre Tusche zu, sie beobachtet mich im Spiegel. Schließlich dreht sie sich um, kommt herüber und setzt sich zu mir auf den Wannenrand. Mit einer Hand hält sie ihren Morgenrock oben zusammen, aber darunter beult sich der Stoff vor, so dass ich ihre Brust sehen kann, ihre rechte Brust. Ich spüre ihre Fingerkuppen an meiner Schulter, sie drückt mich zurück. ›Entspanne dich‹, sagt sie, ›hab keine Angst.‹«

Ich bat Augusto, endlich die Tüten abzusetzen.

»Was soll ich tun?«, fragte er und tat, wie ihm geheißen. »Ich folge dem Befehl ihrer Hand, lehne mich zurück, strecke die Beine aus. ›Gut so‹, sagt die Signorina, krempelt ihren linken Ärmel auf und fischt nach meinem Schwanz. Aber ich …« Augusto presste für einen Moment die Handballen gegen die Schläfen. »Plötzlich sitze ich gerade, die Knie angezogen – ein Reflex! Wasser schwappt über den Rand, sogar die Signorina ist nass. ›Dummer Kerl‹, sagt sie, ›das wirst du büßen.‹ Sie sagt es freundlich und ruhig, sie lächelt sogar dabei.

Vor dem Spiegel tupft sie ihr Gesicht ab. ›Komm wieder her‹, sage ich und erschrecke, weil ich die Signorina geduzt habe. ›Stopp‹, ruft sie, als ich aus der Wanne steigen will. ›Kommen Sie bitte!‹, flehe ich, ein Bein schon auf den Fliesen. ›Rückzug oder Angriff?‹, fragt sie leise und blickt auf meinen Schwanz, der krumm wie eine Banane vorsteht. Was soll ich antworten? ›Trockne dich ab, Dummkopf!‹, flüstert sie zärtlich – und geht hinaus.«

Einen Moment lang schien es, als lauschte Augusto noch ihrer Stimme.

»Möchten Sie einen Kaffee?«, fragte ich und reichte ihm einen Zehneuroschein. »Es ist nicht mehr weit.« Augusto sah mich an, strich sich das Haar aus der Stirn und nahm die Tüten wieder auf.

»Und wann sind Sie gegangen?«, fragte ich, nachdem wir die unbesetzte Pförtnerloge hinter uns gelassen hatten.

»Gegangen? Der Abend hatte noch gar nicht begonnen!«

Doch anstatt nun in seiner Erzählung fortzufahren, spannte mich Augusto auf die Folter. Schweigend lief er neben mir her, den Kiesweg vor den Ateliers entlang. An dem Geräusch, das die Steine unter unseren Schuhen machten, hörte ich, dass wir im Gleichschritt gingen.

Er antwortete auch nicht, als ich ihn fragte, ob die drei Schwestern schuld an seinen Verletzungen seien. Vielleicht wusste Augusto selbst nicht, wie seine Geschichte weitergehen sollte? Mir jedenfalls war damals genauso wenig klar wie heute, was ich von seiner Erzählung halten sollte. Aber er hatte mich, wie man so sagt, an der Angel.

Bei jeder offenen Ateliertür hielt er kurz inne und spähte

hinein. Ein paar der größeren Kinder fuhren auf Rädern an uns vorbei und klingelten.

»Hast du Nescafé?«, fragte Augusto, als ich unsere Tür aufschloss.

»Ich habe richtigen Kaffee«, sagte ich.

»Am liebsten Nescafé, hast du den?«

»Ich glaube«, sagte ich. Mein Schwiegervater, der uns besucht hatte, trank auch lieber löslichen Kaffee.

Wir stiegen die Treppe nach oben und betraten die Küche. Das Terrarium nahm den halben Tisch ein. Ich zog einen Stuhl zurück und ließ mich darauf fallen. Die Narbe am Fuß spürte ich gar nicht, nur die verdammte Hüfte tat weh. Der Falter, doppelt, dreimal so groß wie gewöhnliche Schmetterlinge, saß noch auf demselben Zweig und bewegte seine dunklen Flügel. Obwohl alles so gekommen war, wie es unsere Freundin beschrieben hatte, und man ja schon in der Schule lernt, dass aus Raupen Schmetterlinge entstehen, erschien mir diese Verwandlung wie ein Wunder. Das Unheimliche daran war, dass der Falter nun nichts mehr fressen würde. Ein paar Tage würde er noch leben, ganz der Schönheit und der Fortpflanzung gewidmet, um dann zu sterben.

»Ich wurde zum Richter berufen«, sagte Augusto, ohne den Blick von dem Falter zu wenden. »Für eine Nacht bestimmten sie mich zum Richter.«

Er stand noch immer bei den Einkäufen, die er vor dem Kühlschrank abgesetzt hatte. Ich entschuldigte mich und zog für ihn einen Stuhl vom Tisch zurück. Ich füllte den Wasserkocher und fand auch das Glas mit dem Rest Nescafé. Bevor ich aufs Klo ging, wollte ich mein Portemonnaie, das auf dem

Tisch lag, einstecken. Aber das, fand ich, hätte nach Misstrauen ausgesehen. Ich deponierte es im Geschirrschrank vor den Tassen.

Als ich zurückkam, war alles wie zuvor. Augusto hatte sich offenbar nicht von der Stelle gerührt. Mit seiner grünen Weste wirkte er hier drin wie ein Rettungssanitäter.

Wie schwer die Einkaufstüten waren, merkte ich erst, als ich sie zum Auspacken auf einen Stuhl hob. Nicht, dass ich es im normalen Zustand nicht auch geschafft hätte, sie nach Hause zu tragen. Doch Augusto hatte, obwohl er eher zierlich wirkte, den Anschein von Mühelosigkeit erweckt.

Ich öffnete die Tür zum Garten und bat Augusto, das Tablett mit dem Nescafé, dem Mineralwasser, den Gläsern und Tassen hinauszubringen. Das Portemonnaie lag noch genau so im Geschirrschrank, wie ich es hingelegt hatte. Ich folgte ihm mit dem Wasserkocher.

Wir setzten uns an den Tisch neben die großen Kakteen. Die Mücken waren weniger penetrant als in den letzten Tagen. Augusto zog eine Schachtel Zigaretten aus der Brusttasche seines Hemds und begann, gierig zu rauchen. Er nahm drei Teelöffel Kaffee.

»Was meinen Sie mit Richter?«, fragte ich und schenkte uns beiden Wasser ein.

»Du meinst, letzte Nacht? – Sie mussten tanzen, tanzen, solange es mir gefiel! Ich war ihr Richter.«

»Der Richter der Frauen?«

»Nicht ihrer.« Augusto lächelte verächtlich und leerte sein Wasserglas in einem Zug.

»Sie luden mich ein, mit ihnen zu feiern. Und ich sagte ja.

Einmal im Monat geben sie ein Fest mit vielen Gästen. Was sollte ich machen? Ich hatte ja nicht mal mehr eine Hose! Hast du Zucker?«

Ich bat ihn, sich die Zuckerdose selbst aus der Küche zu holen. Im Sitzen war der Schmerz besser auszuhalten. Bis auf ein paar Kinder sah ich niemanden draußen. Mir lag daran, dass wir allein blieben.

Augusto schaufelte sich mehrere Löffel Zucker in die Tasse, verrührte ihn lange mit dem Löffelstiel und strich diesen am Tassenrand ab.

»Ein Mädchen trat ein«, begann er wieder. »Sie wusch mir die Haare, sie frisierte und föhnte mich, sie schnitt mir die Nägel an Fingern und Zehen, sie rieb mich mit Öl ein und massierte mich. Zwischendurch erscheint immer mal eine der Schwestern, schiebt mir Leckerbissen in den Mund und lobt das Mädchen für ihre Künste. Schließlich tragen die Signore gemeinsam ein Gewand aus gelber Seide herein. Es ist mir zu groß, aber das Mädchen befestigt es mit Nadeln und Spangen und zupft so lange daran herum, bis es mir bequem und elegant um die Schultern liegt.« Nach einem tiefen Zug blies er den Rauch über meinen Kopf und drückte die Zigarette auf der Untertasse aus.

»Es ist schon dunkel, als ich ein Paar Schuhe erhalte, ein Paar kostbar bestickter Pantoffeln – auch die einige Nummern zu groß –, und den drei Schwestern vorgeführt werde. Diesmal jedoch beachten sie mich kaum, so sehr sind sie mit ihrer Garderobe beschäftigt, mit ihren Ballkleidern – als würden sie in einem historischen Stück auftreten, einer Oper. Die Signorina in Lindgrün, die mittlere Signora in elfenbeinfarbener

Seide und die Älteste, meine Fahrerin, in einem roten Kleid, das schon etwas verblichen wirkte. Sie hat den tiefsten Ausschnitt. Ihre Haare haben alle drei zu einem Knoten geschlungen, was ihnen ein strenges Aussehen verleiht. Von Zeit zu Zeit tritt eine von ihnen ans Fenster und blickt hinaus auf die Terrasse. Im Schein bunter Lichtgirlanden erkenne ich ein paar Gestalten, die an der Brüstung lehnen. Doch wenige Minuten später drängen sich dort unten bereits siebzig, achtzig oder noch mehr Frauen und Männer jeden Alters, jeder Hautfarbe. Ich werde auf die Terrasse geführt, die hufeisenförmig ist. Die frische Luft tut gut. Links und rechts hat man je ein Büfett aufgebaut, fürstliche Büfetts, die Band steht dem Brunnen gegenüber auf einem kleinen Podest, über ihnen die Fenster des Saals, von dem aus ich über die Stadt geblickt hatte.«

Augusto nippte an seinem Kaffee.

»Die Gäste empfingen uns schweigend«, sagte er leiser als zuvor. »Sie wirkten gar nicht wie Gäste, das waren keine Freunde oder Bekannten. Vielmehr ähneln sie herausgeputzten Hausangestellten, ja Bediensteten, so tief knicksen die Frauen, so ehrfürchtig verbeugen sich die Männer. Den Männern ist anzusehen, dass ihre Anzüge geborgt sind, manche haben sogar die Hosenbeine umgeschlagen, bei anderen zeigt sich ein Streifen Haut, einige tragen nicht mal Socken. Ich werde zur rechten Terrassenecke geleitet, in der ein zweistufiges Podest steht. Die Schwestern nehmen auf den Stühlen der unteren Stufe Platz. Auf der oberen thront ein Sessel – der ist für mich bestimmt. Als ich mich setze, komme ich mir vor wie ein Affe.«

Augusto sprach jetzt auch langsamer, als tauchte die Geschichte immer nur Bild für Bild vor ihm auf.

»Die Schwestern«, sagte er, »flüstern mir zu, dass ich das Zeichen für die Musik zu geben habe. Also hebe ich den Arm, nicke den Musikern zu, und die beginnen zu spielen, Tanzmusik. Augenblicklich finden sich die Gäste zu Paaren zusammen. Es ist keine gute Band, die haben noch nie zusammen gespielt – grauenhaft, Katzenmusik! Und erst die Tänzer! Die meisten von ihnen schaukeln nur hin und her, drehen sich ein bisschen nach rechts, ein bisschen nach links.«

»Was war denn Ihre Aufgabe?«, fragte ich. »Waren Sie die Jury?«

Augusto steckte sich eine neue Zigarette an und blies den Rauch wieder über meinen Kopf.

»Carmen, die älteste Schwester, sagte, dass ich der Richter sei, derjenige, der nach jedem Tanz ein Paar streicht. Es lag bei mir, es war ganz meine Entscheidung. Ich konnte sie so lange tanzen lassen, wie ich wollte.«

»Verstehen Sie denn etwas davon?«

»Nicht vom Tanz, aber von Musik. Wer mir nicht passte, flog raus und hatte zu verschwinden. Die bekamen nichts, nichts zu trinken, nichts zu essen. Das Büfett war nur für die letzten fünfzehn Paare bestimmt.«

Er trank seinen Kaffee in einem Zug aus.

»Ich muss los«, sagte er und tippte auf seine Armbanduhr.

Doch als ich ihm eine zweite Tasse anbot, sagte er: »Einverstanden!« Ich ging mit dem Wasserkocher hinein. Durch das Küchenfenster sah ich Augusto. Er war aufgestanden. Seine giftgrüne Weste hing über der Stuhllehne. In der Küche war es wärmer als draußen. Der Falter klappte immer noch seine Flügel auf und zu – Bewegungen, die mich in ihrer Hilflosigkeit an frühe Flugapparate erinnerten.

Augusto warf die Kippe zwischen die Kakteen, bediente sich wieder ausgiebig vom Zucker, rührte mit dem Löffelstiel um. Dann goss er Mineralwasser nach.

»Noch *eine* Zigarette«, sagte er, beugte sich vor und schlürfte seine randvolle Tasse ab. »Ich erinnere mich nicht mehr so genau.«

»Ich denke, es war gestern?«, fragte ich.

»Ich habe zu viel getrunken. Es war endlos. Schon bis ich die ganzen Stümper aussortiert hatte, war es eins!«

Augusto klopfte mit dem rechten Fuß einen Takt und schnippte ein paarmal mit den Fingern. »Ohne Rhythmus, ohne Gefühl! Die Signorina rief immerzu: ›Das ist doch kein Foxtrott!‹, ›Das ist doch kein Walzer!‹ und ›Weg mit ihnen!‹«

»Also haben gar nicht Sie entschieden?«

»Die Signore sprachen immer betont höflich miteinander, doch so, dass es nicht schwer war, ihre Wünsche zu erraten.«

»Aber warum ließen sich die Gäste so behandeln?«, fragte ich. »Was wollten sie überhaupt, wenn sie nicht tanzen konnten?«

»Die eine Hälfte hatte einen Pass und die andere Hälfte hatte keinen.« Augusto zuckte mit den Schultern.

»Und die andere Hälfte? Was wollte sie? Worum ging es?«

»›Ein Fest! Es ist ein Fest‹, sagten die Schwestern, ›ein Fest, nichts weiter.‹ Und die Signorina rief: ›Das ist kein Cha-Cha-Cha!‹, ›Der kann ja gar keinen Tango!‹«

»Und das haben Sie tatsächlich erlebt?«

»Ja, natürlich«, sagte er. »Aber ich muss jetzt gehen.«

»Und Ihre Verletzungen?«

Augusto sah mich unwillig an und schnippte die Kippe wieder zwischen die Kakteen.

»Am schlimmsten war das Gefühl, allein zu sein, nicht zu den Schwestern zu gehören, nicht zu den Tänzern, zu niemandem. Mit jeder Entscheidung stieg die Zahl derer, die mich verfluchten. Und die anderen, die ich im Rennen hielt, waren den Schwestern ausgesetzt. Die wetteten unaufhörlich.«

»Sie wetteten?«

»Die Signore wetteten darauf, wer als Nächstes rausfliegt. Sie setzten auf einzelne Paare oder Gruppen, auf die rechte Hälfte der Terrasse oder die linke, auf Männer mit blauen Krawatten oder Frauen in weißen Röcken. Sie begannen mit Fünfzigern und Hundertern, doch bald waren nur noch die Rosafarbenen im Spiel.«

»Fünfhunderter?«, fragte ich.

Augusto nickte, ohne mich anzusehen.

»Sie sprachen so offen, dass ich wusste, welche von ihnen auf wen setzt, ich bestimmte, wer gewinnen, wer verlieren sollte. Die Signore versuchten, mich zu bestechen, sie schoben mir Desserts in den Mund, die besten Happen, wie sie sagten.«

Augusto trank seinen Nescafé aus und wischte sich mit dem Handrücken über den Mund.

»Mal ließ ich die eine, mal die andere gewinnen, aber immer waren zwei gegen mich. Und das bekam ich zu spüren. Sie fluchen, sie kneifen und kratzen mich, sie schlagen zu! Du hättest sie hören müssen!«

»Ich denke, sie waren so höflich?«

»Sie sprachen höflich, betont vornehm. Auch wenn sie wissen wollten, warum ich die Fotze oder den Schwanz da nicht endlich abtreten ließ, klang das sehr manierlich und gewählt, als verwendeten sie eine Fachsprache. Der Ton macht bekanntlich die Musik.«

»Und warum haben Sie sich das bieten lassen?«

»Dich möchte ich mal sehen, wenn eine Hand deinen Schwanz hält, die andere deine Eier quetscht und sich um jedes Bein noch ein Arm schlingt. Ich hab einiges erlebt, wirklich, aber so was wie die Signore …« Augusto schüttelte den Kopf. »Es war nicht der Alkohol. Es war die Lust, sich gehen zu lassen, sie wollten nichts anderes! Sie wetteiferten miteinander, wer von ihnen die Schamloseste, die Ordinärste, die Brutalste sei. Doch jedes Wort klang zuckersüß.«

Augusto schwieg. Die Hände auf den Oberschenkeln, starrte er vor sich hin. Ich war erstaunt, wie gepflegt seine Fingernägel waren, wie makellos sich die weißen Halbmonde darauf zeigten.

»Mit den letzten fünfzehn Paaren ging es erst richtig los«, sagte er und sah wieder auf die Uhr. »Ich dachte, jetzt ist das Schlimmste überstanden, jetzt beginnt das Fest, jetzt wird gegessen und getrunken. Ein paar Tänze lang musste ich niemanden rausschmeißen. Die Signore bedienten sich am Büfett. Zunächst dachte ich, den Tanzenden wäre warm geworden, sie legen Jacketts und Kostümjacken ab, Blusen werden aufgeknöpft und Krawatten abgebunden. Eine Männerhand streift über Brüste, eine Frauenhand schiebt sich unters Hemd. Und plötzlich begreife ich, was da passiert: sie knöpfen sich auf.«

»Sie knöpfen sich auf?«

»Ja, sie knöpfen sich auf, so heißt es doch, Knopf um Knopf. Die letzten fünfzehn Paare, geschmeidige, gute Tänzer allesamt. Doch was sie da tun, ist kein Tanz mehr. Sie umkreisen sich, sie drängen sich aneinander, sie ringen miteinander, sie gehen aufeinander los.«

»Vielleicht Tango?«, unterbrach ich ihn.

»Ist das vielleicht Tango?«, rief Augusto und streifte seinen linken Ärmel zurück. »Ist das Tango?«

»Was ist das?«, fragte ich.

»Ach, so was kennst du nicht?«

Ich starrte auf die Brandblasen seines Unterarms.

»Zigaretten! ›Nur ein Spiel‹, sagen sie, ›nur Spiel.‹ Sie wollen sehen, wie schnell ich reagiere.«

»Das ist ja furchtbar«, sagte ich. Ich wollte noch mehr sagen, ich spürte, dass es lächerlich war, einfach nur »das ist ja furchtbar« zu sagen.

Augusto sank zurück und wandte den Kopf ab, als suchte er etwas im Gras. »Mit jedem Tanz, mit jedem Paar, das ich ans Büfett schickte, wurde es schlimmer. Und plötzlich wurde mir klar: Das schaffe ich nicht, ich halte keine zehn Tänze mehr durch. Einmal trat ich nach Carmen, weil es so weh tat. Sie stürzt zu Boden – und lacht. ›Na endlich‹, ruft sie, lächelt und applaudiert, ›jetzt gerät unser Kleiner in Fahrt!‹ Dann rächt sie sich an mir. Ich wurde ohnmächtig, so sehr brannte es. Als ich wieder zu mir komme, erzählt die Signorina gerade von meinem Missgeschick in der Badewanne. Eine Beleidigung sei das gewesen, nicht allein für sie, sondern für das gesamte weibliche Geschlecht. Glaub mir, ich bin verzweifelt, schrecklich verzweifelt. Und die Schwestern spielen mit Geldbündeln, von denen sie selbst nicht mehr wissen, ob es zehntausend sind oder fünfzigtausend. Sie greifen in die Scheine, ein Mal, zwei Mal, drei Mal, ein Haufen Geld, ein richtiger Haufen Geld.«

»Ich verstehe das alles nicht«, sagte ich. Mir war auch nicht klar, worauf Augusto hinauswollte.

»Jeder erwartet sich etwas«, sagte er. »Einen Pass, Geld, eine Anstellung. Die Signore sind nicht nur äußerst vermögend, sie sind auch sehr einflussreich.«

»Und wer gewann?«

»Die Schwestern fielen über mich her. Nur daran erinnere ich mich noch.« Augusto erhob sich.

»Und was hat man Ihnen gegeben?«

»Die Hose hier«, sagte er und zupfte am Stoff über den Knien. »Die hab ich mir genommen, die Hose und das Hemd. Die lagen auf der Terrasse, als ich heute früh erwachte. Ich muss jetzt los.«

Ich bat ihn, sich einen Augenblick zu gedulden. Ich ging in die Küche. Ich wollte ihm noch Geld geben. Ich wollte es ihm geben und sagen: Für Ihre Geschichte! Das Portemonnaie lag vor den Tassen. Aber die Scheine fehlten. Ich wusste mit Sicherheit, dass es zwei Fünfziger gewesen waren – mindestens zwei Fünfziger.

Und nun? Sollte ich ihn zur Rede stellen? Ans Waschbecken gelehnt, wartete ich eine Weile.

Ich sah, dass ein zweiter Falter geschlüpft war. Er hockte reglos am Boden des Terrariums. Allmählich dämmerte mir, wie unmöglich es von mir gewesen wäre, ihm noch mal zehn oder zwanzig Euro anzubieten. Ich griff mir schließlich eine noch ungeöffnete Flasche Sambuca und ging hinaus. Augusto hatte seine Weste angezogen. Ich überreichte ihm die Flasche. »Vielen Dank für Ihre Geschichte«, sagte ich.

Er nahm die Flasche wortlos entgegen. Ich fragte ihn, ob er den Weg zur Pforte finde. Er nickte. Ich führte ihn durchs Haus wieder auf den Kiesweg. Wir verabschiedeten uns. Sein Handschlag war lasch.

Ich legte mich hin, schloss die Augen und versuchte, an etwas anderes zu denken. Der Schmerz in der Hüfte wollte überhaupt nicht mehr nachlassen. Wie sehr wünschte ich mir an jenem Abend, den Spaziergang nie unternommen zu haben. Tanja erschrak, als sie mich im Bett fand. Sie wusste dann auch nicht mehr, was sie sagen sollte, als sie den Kühlschrank öffnete und die vielen Flaschen entdeckte. Auf der Rückfahrt hatten sie Station an einem *Supermercato* gemacht und das Auto vollgeladen. Paula und Anna, unsere Töchter, halfen ihr, die Sachen hinaufzutragen.

Bisher habe ich das alles für mich behalten. Es ist ja auch nicht ganz einfach, mein Verhalten zu erklären – meinen unmäßigen Einkauf, meine Hilflosigkeit, die Augusto erkannt und genutzt hatte, meine kindische Neugier auf eine Geschichte, meine Naivität und Selbstüberschätzung im Umgang mit ihm. Und schließlich meine Kapitulation. Aber was hätte ich tun sollen? Augusto zur Rede stellen, ihn bitten, seine Taschen nach außen zu kehren? Oder war es bequem, vielleicht sogar feige, sich damit zu trösten, dass hundert oder hundertfünfzig Euro für eine unvollendete Geschichte plus zehn für einen nach Hause getragenen Einkauf angemessen sind?

Ein paar Tage später, als ich keine Schmerzen mehr hatte,

die Luft über den Kieswegen wieder glühte und nach Pinien duftete und die Zikaden ihren Urwaldrhythmus sägten oder raspelten (mir ist nie ein passendes Wort dafür eingefallen), fuhr ich nach Parioli, fand jedoch kein Haus, auf das Augustos Beschreibung auch nur entfernt gepasst hätte.

Fast täglich ging ich zum GS. Ende September tauchte der Graue wieder auf. Er hinkte stark und beschränkte sich darauf, Almosen zu erbetteln. Über Augusto war nichts zu erfahren. Einmal fuhr ich nach Pietralata und klapperte dort die Supermärkte ab, aber niemand kannte ihn. Mehrmals glaubte ich dagegen, Augusto selbst zu sehen: vor dem Nebeneingang der Kirche Santa Prassede, nicht weit von Santa Maria Maggiore, dann unter den Männern, die an der Kreuzung in der Nähe des Hippodroms die Frontscheiben putzten, oder auf der Piazza Navona, auf der ich lange einen der jungen Männer beobachtete, die kleine Propeller in den Abendhimmel aufsteigen ließen und wieder auffingen.

Anfang Dezember stand Augusto dann tatsächlich vor mir. Es war in Pietralata, vor der Pizzeria Laboratorio Tre, zu der wir oft fuhren, meist mehrere Familien zusammen. Es gibt keinen preiswerteren Ort für Pizza und Bier oder Wein. Als Vorspeise isst man kleine Fleischspieße. Diesmal waren wir spät dran, vier Wagen, die wenigen Parkplätze an der Straße waren alle schon besetzt. Augusto tauchte direkt aus der Dunkelheit vor unserer Kühlerhaube auf. Ich erkannte ihn sofort. Wie auf einer Bühne stand er im Scheinwerferlicht und winkte mir, ihm zu folgen. Im Laufschritt trabte er vor uns her und bog nach rechts in eine Nebenstraße ein. Mitunter sah ich von ihm nur seine grüne Warnweste.

Dieser Teil von Pietralata ist so, wie man sich einen Stadtrand vorstellt: viele Brachen und Gärten, dazwischen alle möglichen Gebäude, Läden, Tankstellen, Betriebe und ein kleiner Fluss, der Aniene, der sich hinter zugewachsenen Maschendrahtzäunen verbirgt. An einem Transformatorenhaus bedeutete Augusto mir zu halten. Vor mir lag das offene Tor einer Werkstatt, auf deren Hof schon mehrere Wagen parkten.

Er gestikulierte im Scheinwerferlicht, und ich folgte seinen Anweisungen – ich sollte wenden und rückwärts auf den Hof fahren. Wahrscheinlich konnte er nicht mal sehen, ob ein Mann oder eine Frau am Steuer saß. Ich verließ mich ganz auf die Befehle seiner rechten Hand. Er hielt sie senkrecht, neigte sie nach rechts oder links, gerade so, wie ich zu lenken hatte, in der anderen Hand eine Taschenlampe, die den Abstand zum Wagen neben mir beleuchtete. Augusto ließ mich halten, trat schräg hinter den Wagen, nahm die Lampe in den Mund, den Lichtkegel auf seine Hände gerichtet, die sich aufeinander zubewegten, so dass ich wusste, wie weit ich noch zurückstoßen konnte. Als sich seine Handflächen berührten, hielt ich an. Augusto ließ die Lampe aus seinem Mund fallen, fing sie auf und lief davon in Richtung der Wagen, die mir gefolgt waren.

Während er einen nach dem anderen einwies, ging ich mit Tanja und den Kindern hinter ihm vorbei zur Pizzeria – man bezahlte hier erst, wenn man abfuhr. Auf dem Weg gab es kaum Straßenlaternen. Wir stellten uns in die Schlange vor dem Eingang. So spät waren wir noch nie gekommen. Als die anderen eingetroffen waren, wir uns aber auch nach zehn oder fünfzehn Minuten nicht von der Stelle gerührt hatten, gab ich vor, mein Handy im Auto vergessen zu haben.

Ich lief in Richtung Werkstatt, doch dort war alles dunkel und still. Ich ging zurück und war schon fast an der Pizzeria, als mir Augusto entgegenkam. Er rannte wieder vor einem Auto her. Ich wartete, bis er heran war. Eigentlich hätte er mich im Licht der Scheinwerfer erkennen müssen, aber er ließ sich nichts anmerken. Als ich ihn anrief, sah er kurz auf – und lief weiter. Ich folgte ihm, das heißt, ich hielt mich auf gleicher Höhe. Ich sagte ihm, dass ich froh sei, ihn wiederzusehen, dass es mich interessiere, was er erzählt habe, und dass ich gern mehr über ihn erfahren würde und den Eindruck hätte, ihm die falschen Fragen gestellt zu haben, dass es mich ebenfalls einige Überwindung koste, Fragen zu stellen, wirkliche Fragen, von denen nicht abzusehen sei, wohin sie einen führten, und ich es wohl auch deshalb für ratsamer gehalten hätte, nichts zu sagen.

Während Augusto den Wagen auf den Hof der Werkstatt dirigierte und sich seine aufgestellte Hand wie der Zeiger einer Waage wieder nach links oder nach rechts neigte, sagte ich, dass wir auch über seine Geschichte sprechen sollten, darüber, dass es leicht sei, eine Geschichte anzufangen, aber dass nur wenige es schafften, sie auch zu beenden. Ich fragte ihn, ob er schon ein neues Finale für seine Geschichte gefunden habe. Ich sagte, dass ich es unerträglich fände, wie er hier lebe, schließlich sei er, Augusto, doch ein Kollege, ein deutschsprachiger Kollege sogar. Oder nicht?

Ich sagte, dass meine Großmutter aus Siebenbürgen komme, dass ich bereits als Kind in Brașov gewesen sei, zum letzten Mal dann mit achtzehn, nachdem unsere Verwandten ausgewandert waren, allesamt in den Westen.

Augusto richtete den Schein der Taschenlampe auf die Fahrertür. Ich sah die Schuhe eines Mannes auf dem Beton – gute, teure Schuhe, dafür hatte ich in letzter Zeit einen Blick bekommen. Ich sprach davon, dass er, Augusto, wenn er wirklich ein Richter sein wolle, Fragen stellen müsse, dass es die Aufgabe eines Richters sei, Fragen zu stellen. Denn wenn ein Richter keine Fragen stelle, müsse man doch annehmen, dass sein Urteil bereits feststehe.

Das Licht von Augustos Taschenlampe wanderte vor den Schuhen des Mannes einher, der ohne ein Wort des Dankes oder einen Gruß an Augusto und mir vorbeiging. Das Licht sprang dann hinüber zu der Frau, die etwas später ausgestiegen war, und begleitete sie, die auf Zehenspitzen um die Löcher im Asphalt trippelte. Langsam näherte sich das Paar dem Lichtkegel einer Laterne.

Augusto schaltete die Taschenlampe aus. Als ich mich nach ihm umwandte, sah ich zuerst kaum seine Silhouette. Ich weiß nicht mehr, was ich noch alles erzählt habe, als ich da vor ihm stand. Ich redete und redete und erkannte mit jedem Augenblick, den ich mich an das Dunkel gewöhnte, sein Gesicht besser. Ich muss Augusto, dem Richter, wirklich viel erzählt haben. Denn als ich die Stimme von Tanja hörte, die meinen Namen rief – ich fand es mutig, dass Tanja allein gekommen war, um nach dem Rechten zu sehen –, und ich schließlich kehrtmachte und mit ihr in die Pizzeria zurückging, hatten die anderen bereits begonnen zu essen und bestellten gerade die zweite Runde Bier.

SIGNOR CANDY MAN

Unsere Kinder nannten ihn so: Signor Candy Man. Ich muss gestehen, dass ich Candy Man als Bezeichnung für den Herrn, dessen Namen ich bis heute nicht kenne, zuerst unpassend fand. Als Erscheinung war mir Signor Candy Man, den ich auf Mitte bis Ende siebzig schätzte, seit dem späten Frühjahr bekannt. Er saß nachmittags auf einer Bank im Piccolo Parco, las in *La Repubblica* oder sah vor sich hin, die zusammengefaltete Zeitung in der Hand, als wäre er auf Mückenjagd. Anfangs hatte ich ihn im Verdacht, er ergötze sich am Anblick der jungen Paare. Deren Zärtlichkeiten, für die sie offenbar keinen anderen Ort fanden, schienen mir mitunter gewagt. Aber das lag wohl daran, dass ich immer mit Anna und Paula kam – ihr Kindergarten war nur ein paar Schritte entfernt, auf der anderen Straßenseite.

Der Park, der eigentlich Parco di Marguerite Duras heißt, ist eher ein Spielplatz, auf dem knapp drei Dutzend Schirmpinien stehen, die sich auch bei Windstille alle gen Süden neigen. Ihre Schatten, die über Bänke, Kieswege und den schütteren Rasen wandern, sind so klein, dass man kaum länger als zwanzig Minuten auf einer Stelle sitzen bleibt. Signor Candy Man kannte die Bewegungen dieser Schatten und wechselte bereits die Bank, bevor ihn die Sonne erreichte.

Kam ich zwischen halb und drei viertel drei, saß er mit seiner Zeitung auf halber Höhe des Weges, der zum Karussell und den dazugehörigen Pavillons hin anstieg. Gegen drei Uhr nahm er gemäß seiner Choreographie in unserer Nähe, also gleich neben den Schaukeln, auf einem der dunkelgrünen Plastestühle Platz. Von hier, der Kuppe des kleinen Hügels, sah man die Sonnenschirme des Cafés auf der anderen Seite. Einmal, es muss Anfang Juni gewesen sein, standen unsere Stühle so dicht beieinander, dass ich ihn grüßte. Er beugte sich kurz vor, als wollte er aufstehen, und griff an seinen Hut. Da mir keine gleichwertig formvollendete Geste zu Gebote stand, grüßte ich gleich noch einmal, wobei ich eine Verbeugung andeutete.

An diesem Tag, die Mittagspause für das Karussell wollte kein Ende nehmen und das Café hatte bereits Ferien, schenkte er den Kindern zum ersten Mal zwei dieser Gettoni aus Messing. Er musste erst gar nicht auf die Apparate neben den Maschinchen für die Autorennen deuten und »Candy Man« sagen, die Kinder rannten sofort los. Er half den Mädchen, die mit einem Grat versehenen Jetons in den Schlitz des Apparats zu werfen.

Er bediente den kleinen Hebel. Und nun trat auch ich heran, weil ich sehen wollte, wie sich die Kralle im Glaskasten über den Tütchen mit Lutschern und Lakritzschnecken bewegte. Obwohl es an dem Hebel einen Knopf gab, um die Kralle nach unten sinken zu lassen, musste man warten, bis diese von selbst niederfuhr. Gleich beim ersten Mal grapschte sie sich drei Päckchen, doch stieß der Stiel des Lutschers beim Abtransport gegen die Wand, jenseits derer sich die Röhre nach außen befand, und fiel zurück. Der Signore ballte enttäuscht die Faust, gleich darauf schnarrte eine Stimme »Candy Man!« und die Kinder bückten sich, um die Päckchen aus der Luke zu nehmen.

Als ich auf dem Heimweg den Mädchen sagte, dass sie nie allein mit einem fremden Mann oder einer fremden Frau mitgehen dürften, erwiderte Paula vorwurfsvoll: »Aber Signor Candy Man kennen wir doch!«

Am nächsten Nachmittag blieben Anna und Paula vor dem *La Repubblica* lesenden Signore stehen. Er schlug das Blatt sofort zu, stand auf und ließ die Jetons in seiner Hosentasche klimpern.

Das Gute an dem Candy-Man-Apparat war, dass er seine Greifversuche so oft wiederholte, bis wenigstens ein Päckchen in den Schacht fiel. Zweimal hatte ich mein Glück an dem benachbarten Apparat versucht, der einen Euro als Einsatz verlangte. Zweimal schloss sich der Greifarm um den Fußball, zweimal erlahmten schon einen Augenblick später seine Kräfte und der Greifarm surrte nach oben, ohne dass sich der Ball auch nur einen Millimeter gerührt hatte.

Signor Candy Man winkte ab und bewegte seine flache Hand vor seiner Kehle. Halsabschneider, hieß das wohl. Die Landschaft der Bälle – *il paesaggio dei palloni* –, sagte er, habe sich seit Wochen nicht verändert. Wie um mich zu trösten, zog er aus seiner Jacketttasche eines dieser winzigen Bonbons, die man im Flugzeug vor der Landung bekommt, und schenkte es mir. Ich wollte nicht ablehnen, brachte es jedoch nicht über mich, das Bonbon auszuwickeln und in den Mund zu stecken.

Mein Anfänger-Italienisch ließ kein wirkliches Gespräch zu. Ich verstand einiges, aber mehr als ein paar Worte über das Wetter und dass ich als *scrittore* für ein Jahr hier sei und in der Villa Massimo wohne, gelang mir nicht. Er lächelte. Die Villa Massimo sei doch hier.

»Hier? Nein, dort«, sagte ich und zeigte die Viale di Villa Massimo hinauf. Er beharrte darauf, die Villa Massimo sei da, wo wir säßen. Früher, sagte er, sei alles hier Villa Massimo gewesen. Nun sei allein dieser Park übrig, und jeder Römer nenne ihn Villa Massimo. Das war unser längstes Gespräch auf Italienisch.

Oft saßen wir nur nebeneinander und sahen den Kindern und den Liebespaaren zu. Es schien, als sei er für die Messingjetons zuständig, ich dagegen für die dicken rosafarbenen Plastejetons, die man für das Karussell brauchte.

Signor Candy Man trug fast immer denselben hellen Anzug, allein die Krawatte wechselte er täglich. Und stets korrespondierte sie mit dem Grün seiner Augen, was wohl diesen Eindruck von Gediegenheit hervorrief. Manchmal räusperte er sich ausgiebig, zog dann ein gefaltetes Taschentuch hervor und tupfte sich über die Lippen. Er hatte auffallend schöne Hände. Es hätten die Hände einer Frau sein können. Dieser Eindruck rührte wohl auch von dem Ring her, den er an seiner Rechten trug. Der Stein war milchig durchscheinend und in Silber gefasst.

Wegen meiner gerissenen Achillessehne sah ich Signor Candy Man dann zwei Monate lang nicht. In gewisser Weise sorgte er aber selbst dafür, dass ich ihn nicht vergaß. Am letzten Tag vor den großen Ferien erhielten die Mädchen in der Scuola materna, wie man in Italien den Kindergarten nannte, einen Doktorhut aus Papier und im Piccolo Parco zwei Heliumluftballons in Form eines Dalmatiners und eines Delphins – die Luftballons waren seine Geschenke. Während der Delphin noch am selben Nachmittag in den Himmel über Rom entschwand – »er ist zum Meer geflogen, du musst nicht traurig sein, Paula« –, fand ich Annas Dalmatiner wenig später an der Decke des Ateliers wieder. Zuerst ärgerte ich mich, diesen Ballon nun täglich über mir zu haben, denn auch mit einer Leiter erreichte Tanja den herabhängenden Strick nicht. Nach wenigen Tagen aber hatte ich mich an den seltsamen Gast gewöhnt, der bei mir ausharrte, wenn alle anderen ans Meer fuhren oder zu irgendeiner Party gingen. Es dauerte jedoch nicht lange, und er begann zu sinken, die vier Beine immer schön nach unten. In dieser Zeit sprach ich manchmal mit ihm wie mit einem Haustier. Denn er schien aufmerksam wie ein Wachhund aus dem großen Dachfenster zu blicken. Eines Morgens schwebte der Dalmatiner schließlich so tief über meinem Schreibtisch, dass ich ihn herabziehen konnte. Ich befestigte den Strick an der Heizung. Doch außer mir interessierte sich niemand mehr für ihn. Als würde er immer zutraulicher, sank er tiefer und tiefer und stand eines Morgens vor mir auf den blanken Fliesen.

Zunächst hatte ich daran gedacht, beim Wiedersehen Signor Candy Man das Eigenleben seines Geschenks zu beschreiben. Nachdem aber der Dalmatiner mich einige Tage hindurch unverwandt beobachtet hatte, lehnte er sich an die Heizung. Da war mir klar, wie wenig sich das Folgende zum Erzählen eignete. Der Verfall seines Körpers setzte an den Pfoten ein und erfasste bald auch Brust und Lenden, sein Hals wurde schlaff, und schließlich zeigten sich sogar Dellen am Kopf, die ihn fratzenhaft entstellten. Sein Körper schwand gleichsam vor meinen Augen dahin. Ich löste den Strick von der Heizung, weil es aussah, als hätte ich ihn dort festgebunden und vergessen. Als er ganz platt war, unternahm ich bereits meine ersten Gehversuche. Ich legte die Folie zusammen, steckte sie in eine saubere Tüte, humpelte mit dem Päckchen unterm Arm bis zur Pforte und, nach einer kurzen Rast, weiter bis zu dem Müllcontainer auf der Straße.

Erst nach Ferragosto, das Leben kehrte in die Stadt zurück und ich konnte mich inzwischen halbwegs normal bewegen, ging ich mit Anna und Paula zum ersten Mal wieder in den Piccolo Parco. Auch die Karussellbetreiber hatten ihren Urlaub beendet. Signor Candy Man saß im Schatten. Die Kinder machten sich schon von weitem bemerkbar und rannten los. Er faltete die Zeitung zusammen, steckte sie in die Jacketttasche und erhob sich. Noch bevor ich ihn begrüßen konnte, ging er mit den Mädchen hinüber zum Automaten.

Ich setzte mich auf seinen Platz. Sie ließen sich mehr Zeit als sonst. Die Musik im Karussell war eine andere; außerdem vermisste ich die Geräusche der einzelnen Vehikel – das Geheul der Feuerwehr oder das Reifenquietschen des roten Formel-1-Wagens. Nur das »Candy Man!«-Lachen war das gleiche geblieben. Mir war, als klaubten die Mädchen unaufhörlich Tütchen aus der Luke. Bald wechselte ich hinauf zu den Schaukeln. Der Wind war an diesem Tag so heiß, wie ich es noch nie erlebt hatte – als hielte man sich einen Föhn vors Gesicht.

Als die Mädchen und Signor Candy Man endlich genug hatten, kamen sie zu den Schaukeln herauf. Sie unterhielten sich. Mir fiel zuerst der andere Klang seiner Stimme auf, ja seine ganze Art, sich zu bewegen, schien mir verändert. Plötzlich verstand ich ihn.

»Sie sprechen Deutsch?«, platzte ich heraus.

Beinah erschrocken sah er mich an und nickte.

»Ach, das wusste ich gar nicht«, sagte ich.

»Entschuldigen Sie«, sagte er in einem Tonfall, als wollte er weiterreden.

Ich musste Anna in die Kinderschaukel heben und anschubsen. Danach setzte ich mich neben ihn auf den grünen Plastestuhl, den er herangezogen hatte, sagte etwas von »*caldo, caldo*« und tat, als fächelte ich mir Luft zu.

Er hielt mir wieder so ein Bonbon hin, so ein kleines weißes. Ich dankte und steckte es in die Hosentasche.

Er räusperte sich mehrmals, bevor er weitersprach. »Ich habe lange in Deutschland gelebt«, sagte er, »in Rostock.«

»Wie? Im Osten?«, rief ich.

»Ich war verheiratet«, sagte er.

Danach entstand eine kleine Pause.

»Ich habe sie in Weimar kennengelernt. Sie war Slawistin, sprach jedoch ausgezeichnet Italienisch. Sie fand, Russisch und Italienisch ähnelten sich. Ich fragte sie, wo in Italien sie studiert habe. ›In Italien?‹, sagte sie. ›Das wäre mein Traum!‹ Dieser Satz ging mir nicht aus dem Kopf.«

Der Signore machte eine Pause. Ich wollte schon sagen, dass auch meiner Empfindung nach Italienisch und Russisch einander ähnelten und dass russische Werbung so wie italienische klinge und umgekehrt. Aber da fuhr er bereits mit seiner Erzählung fort.

»Wir schrieben uns, und ich flog, sooft es meine Arbeit zuließ – ich bin Chemiker –, in die DDR, in die Deutsche Demokratische Republik«, wie er ganz ohne Ironie hinzufügte. »Wahrscheinlich hätte ich Renate schon viel früher gefragt, ob sie mich heiraten will. Ich fürchtete nur viel zu lange, dass sie den Italiener liebt, nicht mich, verstehen Sie?«

Ich nickte.

»Ich habe ihr selbst dann noch misstraut, als ich ihr versprechen musste, zu ihr zu ziehen, nach Rostock.«

»Das mussten Sie ihr versprechen?«

»1976 haben wir endlich geheiratet«, sagte er, »genau an dem Tag, an dem die Olympischen Spiele in Montreal eröffnet wurden. Und natürlich sind wir im Herbst nach Rom gefahren. Meine Eltern hatten Angst vor Renate. Sie meinten, sie sei eine Spionin, eine Agentin des Kremls. Sie hatten Angst vor ihr, bis zum Schluss.« Er schüttelte den Kopf. »Wissen Sie, Renate kannte alles, den ganzen Stadtplan, sogar den Grundriss des Forum Romanum konnte sie aufzeichnen. Sie staunte nur jedes Mal, natürlich sah alles anders aus als auf ihren Fotos und in ihrer Vorstellung. In Florenz brach sie in Tränen aus, weil das Relief von Donatello so klein war, sie hätte es fast übersehen.«

Ich musste kurz aufstehen, um Anna auf ihrer Schaukel wieder Schwung zu geben.

»Ich fand Arbeit in Stralsund, in der Werft, wir arbeiteten an den Schiffslacken, das war eine großartige Arbeit.«

»Sie sind tatsächlich nach Stralsund gezogen?«

»Ich hatte es ihr ja versprochen. Wir wohnten in Rostock, in Stralsund hatte ich nur ein Zimmer zur Untermiete. Ich hielt mich zurück, um Renate nicht zu drängen. Ich dachte aber immer, dass wir bald nach Italien gehen würden. Ich meine, wir konnten reisen, wohin wir wollten, trotzdem, das Geld musste ich mir jedes Mal von meinen Eltern geben lassen oder von den Ersparnissen nehmen. Zweimal pro Jahr fuhren wir nach Rom. In Italien hätte ich viel mehr verdient, viel mehr. Sobald ich aber damit anfing, erinnerte mich Renate an mein Versprechen, ihr war es ernst damit. Ich könne ja gehen, doch von ihr solle ich das nicht verlangen. Ganz gleich, was ich sagte, immer kam sie mir mit diesem Versprechen.«

»War sie eine Überzeugte?«

»Eine Überzeugte?«

»Ich meine, war sie für die DDR, eine Genossin?«

»Nein, überhaupt nicht. Politisch waren wir uns einig, aber sie wollte nicht weg.«

Er sah zu den Kindern, die jetzt damit beschäftigt waren, die Lakritzschnecken und Lutscher aus den Tüten zu pulen.

»Im Herbst 86 flog sie zum ersten Mal nicht mit nach Rom«, fuhr er fort und tupfte sich den Schweiß von der Oberlippe. »Sie habe zu tun, einmal im Jahr reiche ihr. Das letzte Mal waren wir zusammen im Frühjahr 91 in Rom. Ich beschwor sie, mit mir nach Italien zu gehen, ich hatte keine Arbeit mehr. Und hier gab es Angebote, gute Angebote, sogar in Rom. In Kiel fand ich schließlich was, ich hatte ja noch sieben Jahre bis zur Rente. Als Renate sechzig wurde und die Uni verließ, zog sie nach Usedom zu ihrer Mutter, in das Haus an der Steilküste. Manchmal sahen wir uns zwei Wochen nicht, von Kiel nach Wolgast und dann auf die Insel – das war eine Weltreise. Aber wir haben uns geliebt, wir hingen aneinander.« Er machte eine Pause. Die Sonne brannte, als wäre es Mittag.

»Dann wurde Renate krank«, begann er wieder. »Sie beschuldigte mich plötzlich, ihr die Uhr weggenommen zu haben. Als ich sagte, dass sie die Uhr doch am Arm trage, fuhr sie mich an: Nein, doch nicht diese, die richtige, die du mir in Rom gekauft hast! Als ich sagte, die habe sie doch schon in Rom verloren, lachte sie mich aus. Mitten in der Woche rief mich Renate in Kiel an und fragte, wo ich mich denn herumtriebe, das Essen stehe auf dem Tisch. Wenn ich freitags nach Hause kam, warf sie mir vor, ich wolle sie kontrollieren.«

Er schwieg. Ich gab den Kindern Wasser, weil sie bei dieser Hitze viel trinken sollten, und schubste sie wieder an.

Als ich mich setzte, bemerkte ich auf seiner Oberlippe, nahe am Mundwinkel, ein paar Bartstoppeln. Fast hätte ich ihn darauf hingewiesen, als wären diese Stoppeln etwas, das er abwischen könnte. Vielleicht, dachte ich, rasiert er sich nach dem Duschen, wenn der Spiegel beschlagen ist. Kaum hat man ihn abgewischt, beschlägt er sofort wieder.

»Einmal hat sie mir vorgeworfen, dass ich heimlich nach Italien gefahren sei, obwohl ich nur einkaufen war. Und als ich ihr die Tasche zeigte, schrie sie mich an: Na bitte, na bitte, alles Westsachen! Ich bat sie, näher hinzuschauen, ob sie hier irgendwo etwas auf Italienisch erkennen würde. Und da merkte sie, dass etwas nicht stimmte. Ich hoffte dann immer, dass sie erwacht, dass die Schlafwandlerin erwacht. Aber nein, sie erwachte nicht. Eigentlich«, sagte er und räusperte sich, »eigentlich war das sogar das Schlimmste, wenn sie merkte, dass sie sich geirrt hatte. In so einem Moment kam ich auf die Idee mit den Ringen.«

Er winkelte den linken Arm an, so dass ich seinen Ring nun aus nächster Nähe betrachten konnte.»Ich habe zwei davon machen lassen, zwei gleiche, das ist Mondstein und in dieser Qualität äußerst rar.«

»Sehr schön«, sagte ich.»Wirklich sehr schön.«

»Sie werden denken, ich habe meine Frau verlassen, und in gewisser Weise kann ich das auch nicht leugnen. Aber wissen Sie, eigentlich hat sie mich zuerst verlassen.«

Nach einer Pause, in der ich nicht wagte aufzusehen, sagte er:»Ich weiß nicht, woran der Ring sie erinnert, ob sie überhaupt noch eine Erinnerung hat oder ob es jeden Tag eine andere ist. Mich jedenfalls erinnert er fortwährend an sie.«

Nach den letzten Worten nahm er seinen Hut ab und hielt ihn sich vor die Brust. Ein paar Haarsträhnen wehten im Wind.

»*Caldo*«, sagte ich.

»*Un respiro caldo del deserto*«, antwortete er leise.»Der heiße Atem der Wüste.«

Seither haben wir nie wieder Deutsch miteinander gesprochen. Ja, er wirkte mir gegenüber sogar etwas abweisend. Zu den Kindern blieb er unverändert freundlich und großzügig. Ich beobachtete ihn, wie er von Mitte September an die Plätze in der Sonne suchte und vor den Schatten flüchtete. Im Oktober war ich fast drei Wochen lang unterwegs. Als ich den Piccolo Parco wiedersah, erschien er mir kleiner als früher, geradezu lächerlich klein. Signor Candy Man fand ich nirgends.

Ein paarmal gingen wir noch in den Park, trafen den Signore aber nicht mehr. Anfang Januar kehrten wir nach Berlin zurück, mit dabei – in verschiedenen Hosen- und Jacketttaschen – fünf der rosafarbenen dicken Jetons für das Karussell und die beiden kleinen Bonbons, die die gleiche Färbung, ja fast Durchsichtigkeit besitzen wie der Mondstein an seiner Hand.

Wer Armando dalla G. und seiner Frau Giovanna – wie vertraut mir ihre Namen sind – begegnet ist, ja, selbst wer sie nur im Publikum und in den Pausen zwischen den Diskussionen und Vorlesungen sah, wird sie nicht so leicht vergessen. Ich fürchte, dass ein Klischeebild entsteht, wenn ich sage, dass er groß war, mit dichtem, etwas zu früh ergrautem Haar und blauen Augen, und Giovanna, um einiges jünger, schlank, mit langen schwarzen Haaren und einem kleinen Muttermal auf der linken Wange. Was mich wirklich gefangen nahm, war die Aufmerksamkeit und Höflichkeit des Paares. Wer auch immer ein paar Worte an sie richtete oder von ihnen angesprochen wurde, geriet in ein Gespräch, das, so schien mir, nur von außen beendet werden konnte – durch den nächsten Redner, einen Journalisten oder jemanden, der sie begrüßen wollte.

Armando und Giovanna waren die Hauptsponsoren der Tagung »Welche Ethik hat unsere globale Gesellschaft?«, die unter der Schirmherrschaft des italienischen Präsidenten stand. Sie fand im Castello Svevo in Trani, einer alten Küstenstadt Apuliens, statt. Als ich Giovanna und Armando vorgestellt wurde – sie waren, wie es hieß, durch den Vertrieb von Traktoren und landwirtschaftlichen Geräten zu Geld gekommen –, sprachen sie in so einfachen Sätzen mit mir, dass ich für ein paar Minuten glaubte, ich könnte Italienisch. Trotzdem blieb ich befangen. Im Vergleich zu ihnen empfand ich mich in meinem zerknitterten Jackett und den alten Sandalen als geradezu ungepflegt. Außerdem hatte mir Sabina, die als Professorin an der »Sapienza« in Rom lehrt, zugeflüstert, ich solle mich von den beiden fernhalten. Als ich ihr später gestand, sie hätten mich für den Abend eingeladen, sah sie mich erschrocken an und schüttelte den Kopf.

»Warum?«, fragte ich.

»Tu es nicht«, sagte Sabina, »du verirrst dich.«

»Verirren? Sind sie kriminell?«

Sabina verdrehte die Augen. »Nein, aber trotzdem. Komm lieber mit uns.«

Als ich sie ratlos ansah, sagte sie: »Er behandelt seine Frau schlecht. Er ist ein Tyrann, ganz unberechenbar.«

Kurz nach fünf, ich stand in der Krypta der Kathedrale, rief mich Giovanna an. Sie würden mich um halb acht im Hotel abholen. »*Va bene?*« – »*Si*«, sagte ich. Was sonst hätte ich antworten können? Ich stellte mein Handy ab, bat im Hotel um Schuhcreme und trat zwanzig nach sieben vor den Eingang. Armando und Giovanna waren bereits da. Sie hatten sich auf den Vorsprung der Hafenmauer gesetzt und sahen hinüber zur Kathedrale. Als sie sich zu mir umwandten, kamen sie mir vor wie Geschwister. Wir warteten noch auf A.M., der in Mailand den Lehrstuhl für Kommunikationswissenschaft innehat und in Trani ständig von Leuten umlagert war, die sich seine Bücher signieren lassen wollten.

Ich protestierte vergeblich, als sich Giovanna in dem blauen

Maserati nach hinten setzte, damit ich, der ausländische Gast, neben Armando, dem »*Driver*«, Platz nehmen konnte. Während der Fahrt hörten wir den neuen Bob Dylan, den ich ziemlich eintönig fand. Aber Armando und M. A. waren sich einig, dass Bob ein Genie sei und den Nobelpreis erhalten werde.

Zu meiner Schande musste ich gestehen, nicht gewusst zu haben, dass sich das ehemalige Schlachtfeld von Cannae in unmittelbarer Nähe befand. Armando habe, so Giovanna, Himmel und Hölle in Bewegung gesetzt, um ein Stück Land mit dem Blick auf die Ruinen von Cannae zu erwerben. A.M. wurde gebeten, seine Version der Geschichte vorzutragen, was passiert wäre, wenn Hannibal, nachdem neunzigtausend römische Soldaten in Cannae den Tod gefunden hatten, gen Rom marschiert wäre und es eingenommen hätte. Leider verstand ich kaum etwas, aber A.M. brachte die beiden zum Lachen.

Wollte ich versuchen, den Abend in allen Einzelheiten zu beschreiben, würde dies nur meine Unbedarftheit in Sachen Luxus offenbaren. Ich genoss die Weitläufigkeit der Räume, die zweihundertjährigen Olivenhaine, die rote Erde ringsum, den Blick hinüber nach Monte S. Angelo, dessen ferne Lichter wie Kerzen zu uns herüberflackerten, den Wein und das Essen, das ein altes Paar für uns zubereitete. Diese Annehmlichkeiten lösten allmählich meine Anspannung. Nie zuvor hatte ich so viel Italienisch gesprochen, Giovanna und Armando waren die besten Lehrer.

Es lag nicht an der Sprache, dass ich ihren Fragen zur deutschen Politik und vor allem zu Angela Merkel ziemlich ratlos gegenüberstand. Sie hatten sich wohl mehr erwartet als eine Antwort, die pauschal jene Parteien auf dem Holzweg sah, die dem Wachstumsdenken verfallen waren.

A.M., der beim Sprechen oft lachte, als erheiterten ihn seine eigenen Gedanken, sprang mir hin und wieder bei. Armando und Giovanna fragten viel nach unserem Leben in Rom, und ich war froh, mit unseren Kindergeschichten etwas zur Unterhaltung beizutragen.

Umso größer war dann meine Verwirrung, als uns Armando vor dem sich ein wenig verzögernden Hauptgang in sein Arbeitszimmer bat. Er führte uns vor eine Wand – die einzige, die nicht hinter Bücherregalen verschwand –, an der drei jeweils etwa einen Meter breite und fast ebenso hohe Schwarzweißfotografien hingen. Auf der mittleren schien eine Frau in einem Sessel zu schlafen, die anderen beiden sahen aus wie Aufnahmen von Unfällen. Die Blutlachen auf allen drei Fotografien waren in einem grellen Rot koloriert. Armando zeigte der Reihe nach auf sie. »Mein Vater«, sagte er, »meine Tante, mein Bruder.«

»Nein!«, sagte ich und erschrak selbst über mich. Mein »nein« war kein Staunen, es war Widerspruch gegen diese Zumutung, gegen dieses Theater.

In meiner Verwirrung wollte ich Armando fragen, was diese Bilder zu bedeuten hätten, was sie zeigten, ob seine Familienangehörigen Unfall- oder Mordopfer seien und warum man die Blutlachen koloriert habe und er sich das antue, diese Bilder jeden Tag anzusehen. Doch er verharrte wie in einer Andacht, ich glaube sogar, dass er betete. Und auch A. M. stand wie versteinert neben mir. Ich hatte mich schnell wieder unter Kontrolle und schwieg.

Als ich mich nach einer Weile abwandte, sah ich durch die geöffnete Tür Giovanna, die sich aber sofort ins Dunkel des Vorraums zurückzog.

Auch nachdem wir Armando wortlos in den Speisesaal gefolgt waren, fiel mir nichts ein, was zu sagen passend oder zumindest nicht taktlos gewesen wäre.

Die Stimmung bei Tisch war dahin. Das Essen zog sich in die Länge. A. M. sah kaum auf und sprach nur, wenn man das Wort an ihn richtete. Seine Munterkeit kehrte dann für ein paar Augenblicke zurück, doch genauso schnell verlor sie sich auch wieder.

Als Armando uns anbot, bei ihnen zu übernachten, lehnten A. M. und ich ab. Unsere Gastgeber bestanden jedoch darauf, dass wir uns ihre beiden Gäste-Appartamenti zumindest ansehen sollten. An uns wäre es, sie einzuweihen. Die Betten waren riesig. Morgens, sagte Giovanna, böte sich im Licht der aufgehenden Sonne ein Blick auf das ehemalige Schlachtfeld von Cannae. Wir lehnten erneut ab. Armando rief sofort nach dem »Driver«, seinem Chauffeur. Sein herrischer Tonfall verriet Ärger und Enttäuschung.

Als wir uns verabschiedeten, war davon jedoch nichts mehr zu spüren. Giovanna bot uns ihre Wangen zum Kuss dar. Sie lud uns ein, sie wieder einmal zu besuchen, das nächste Mal mit mehr Zeit und mit der ganzen Familie. Platz hätten sie hier ja genug. Armando drückte mir fest die Hand und schloss selbst die Wagentüren hinter uns.

Kaum war der Wagen angefahren, schien A.M. in einen tiefen Schlaf zu fallen. Ich ärgerte mich darüber, weil ich mich in der Hoffnung, etwas über die Geschichte der dalla G.'s zu erfahren, zu ihm nach hinten gesetzt hatte. Ich bat darum, noch einmal die Bob-Dylan-CD zu hören. Der Fahrer aber fühlte sich von meiner Bitte offenbar nicht angesprochen. Und ihm auf die Schulter zu tippen, wagte ich nicht. Deshalb kann ich über die Rückfahrt nur sagen, dass wir schweigend und beinahe lautlos durch die Dunkelheit glitten.

UNSERE HEILIGE

Ich war Valentina dankbar, dass sie mit in das Taxi stieg, das mich zum Bahnhof bringen sollte, der Abschied von Neapel fiel mir schwer. Als wir aus dem Gewirr der Gassen in die Riviera di Chiaia einbogen, stoppte der Fahrer. Vor dem unscheinbaren Haus Nr. 202, an dessen Balkonbrüstung in der Belle Etage eine Stoffbahn mit der Aufschrift »Goethe-Institut« hing, blockierte eine Menschenmenge die mehrspurige Fahrbahn.

Das harte »Plopp!« der automatischen Türverriegelung verstand ich als Warnung. Stoßstange an Stoßstange folgte unser Fahrer einem silberfarbenen Mercedes des Bestattungsinstituts »Persephone«, der, so schien es, als Einziger passieren durfte.

»Ach, das hätte ich wissen müssen«, sagte Valentina, »heut ist ja der Dreizehnte.«

Neben roten, mit Gold bestickten Kirchenfahnen, wie man sie auf Prozessionen findet, hielten Afrikaner — ich sah fast nur Schwarze — mehrere Plakate hoch. Auf allen prangte dasselbe vergrößerte farbige Foto einer hageren weißen Frau Mitte fünfzig, deren tiefliegende Augen und schmale Lippen merkwürdig mit einer blonden lockigen Mähne kontrastierten, weshalb ihr Porträtbild wie eine Fotomontage wirkte.

»Das ist eure Heilige«, sagte Valentina. »Eure Karin, Karin Böttcher! – Nie gehört, wirklich? Hier kennt sie jeder.«

»Karin Böttcher?«

»Sie hat im Goethe-Institut gearbeitet, als Bibliothekarin. Das ist schon eine Weile her.«

Die Menge drückte sich so dicht an den Wagen, dass ein Weiterfahren unmöglich schien. Doch plötzlich beschleunigte der Mercedes vor uns, unser Taxi blieb dran, jemand schlug auf unser Dach – aber wir hatten es geschafft. Der Leichenwagen blinkte und fuhr langsam an den Straßenrand. Während wir ihn überholten, sah ich noch, dass der Laderaum voller Blumen war – einzelne Blumen, keine Sträuße oder Kränze, alles einzelne Blumen, die in ein paar Stunden welk sein würden.

»Vielleicht war Karin ja die beste Bibliothekarin, die Neapel je hatte«, sagte Valentina. »Aber Karin kannte selbst nach drei Jahren kaum mehr als den Weg von zu Hause ins Institut und wieder zurück. Sie wohnte dort oben, nicht weit vom Hotel Britannique entfernt, da ziehen sie jetzt hin, der ganze Haufen.«

»Du meinst, die pilgern jetzt alle dort hinauf zu ihrer ehemaligen Wohnung?«

»Ja, sicher, und dort geht's erst richtig los, da wird gesungen und getanzt und ordentlich gegessen und getrunken.«

In einem weiten Bogen fuhren wir am amerikanischen Konsulat vorbei und rasten nun auf der Uferstraße in die entgegengesetzte Richtung, rechts das Meer, links der Park mit den Palmen und dem Aquarium.

»Am Wochenende flüchtete sie immer auf eine der Inseln. Vom ersten Tag an hat sie nur darauf gewartet, wieder in eine zivilisierte Stadt geschickt zu werden, wie sie sich ausdrückte. Zivilisiert war ihr Lieblingswort.«

»Und Neapel fand sie unzivilisiert?«

»Sie hasste es. Du hättest sie hören müssen! Deshalb veranstaltete sie fast wöchentlich eine Lesung. Sie wählte aus, was ihr gefiel, ohne Kompromisse. Wünsche wurden überhört. Trotzdem entstand schnell ein fester Kreis – vor allem alte Leute und Studenten. Ein paar Freunde hatte sie wohl, oder besser gesagt, Bekannte. Sie sprach selbst immer nur von Bekannten. Karin kochte ausgezeichnet, Roulade mit Klößen und Rotkraut oder Gulasch mit Klößen. Nach Ostern und vor Weihnachten lud sie uns ein, ein paar Germanisten von der Orientale und ihre Kolleginnen vom Institut; auch Nicola, der Apotheker, war dabei und Raimondo, den du ja kennst. Ihre Wohnung war fast leer, kaum Möbel, selbst an Büchern nur ein paar Gesamtausgaben. Sie liebte das 18. Jahrhundert, das ging bei ihr bis Seume. Seine Einführung in den Plutarch kannte sie auswendig, zumindest las sie die ein Mal im Jahr vor.«

Wir hielten am Eingang des Tunnels. Eine Straßenbahn war entgleist oder kam aus einem anderen Grund nicht weiter. Valentina kurbelte das Fenster herunter und zündete sich eine Zigarette an.

»Es muss 1994 gewesen sein«, sagte sie und blies den Rauch durch den Spalt nach draußen, »1994 oder früher, das Aquarium war bereits restauriert, da warteten wir vergeblich auf die Weihnachtseinladung. Camilla rief im Institut an und fragte, ob Karin krank sei. Dort waren sie noch ratloser als wir. Man habe aufgehört, Karin mit Fragen zu quälen. Sie sei abgemagert und verschlossen.

Eines Tages – das weiß ich von Carmen – kam sie mit diesem Plunder an, mit diesen kriechenden Spielzeugsoldaten und den falschen Fendi-Taschen und solchem Zeugs. Hatte sie die Händler früher nicht mal eines Blickes gewürdigt, kaufte sie nun jedem etwas ab, Feuerzeuge, Lämpchen, Ventilatoren, Spielzeug, Seifenblasenpistolen – am besten waren noch diese Holzkröten mit dem Klöppel, kennst du die?«

»Tock, tock, tock«, sagte ich, »so eine haben wir auch.«

»Am Anfang war das amüsant. Man versuchte, dem Krimskrams etwas abzugewinnen, der sich bald in der Bibliothek häufte. Als ich diesen Plunder zum ersten Mal inmitten der Bücher sah, dachte ich sogar, das sei Kunst, ein deutscher Künstler mache eine Installation. Karin war erschreckend dünn geworden. Ihre Jeans hielt nur noch der Gürtel.«

Im Tunnel ging es nur langsam voran. Valentina warf die halb gerauchte Zigarette hinaus und kurbelte das Fenster wieder nach oben.

»Ein paar Wochen später stand der erste Schwarze vor dem Institut«, fuhr sie fort. »Er wartete auf Karin. Mit der Zeit wurden es immer mehr, die da draußen Posten bezogen. Nur einmal kamen sie herauf und nahmen das ganze Zeug, das ihnen Karin einmal abgekauft hatte, wieder mit, sofern es noch funktionierte. Einen von ihnen, ich würde sagen, er war der Hässlichste, stellte sie uns später als ihren Freund vor. Bei dem einen blieb es aber nicht. Sie begann, ihre Freunde wie Hemden zu wechseln, manchmal eskortierten gleich zwei oder drei von ihnen sie zur Arbeit. Ihre Vermieter riefen im Institut an und drohten, die Wohnung zu kündigen, wenn die Sittenlosigkeit nicht sofort aufhöre. Nicht nur das

Haus oder die Straße, nein, ein ganzes Viertel stehe auf dem Spiel.«

»Nahm sie Drogen?«

»Nein, sicher nicht. Nichts war für sie schlimmer, als die Kontrolle zu verlieren. Sie hasste Betrunkene.« Endlich hatten wir den Tunnel hinter uns, rechts lag der Kai für die Passagierschiffe.

»Wir waren zu ihrer Hochzeit mit Abira oder Abjima oder so ähnlich eingeladen. Dort habe ich sie zum ersten Mal tanzen gesehen, mit erhobenen Armen und geschlossenen Augen, sie, die einzige Weiße inmitten einer Schar schwarzer Männer, von denen – das wussten wir von der Polizei – die Hälfte bei ihr kampierte. Manche sollen in dreckige Geschäfte verwickelt gewesen sein, von einem hieß es sogar, er sei ein Mörder. Nach einem halben Jahr ließ sie sich scheiden und heiratete einen anderen, einen ganz jungen Kerl. Karin hatte Krebs, Metastasen überall. Sie wollte noch einen dritten heiraten, sie hätte sie alle geheiratet und ihnen den Pass verschafft. Mit Bestechung, es muss sie ein Vermögen gekostet haben, gelang ihr die Adoption zweier Mädchen, die bald volljährig werden sollten. Am 13. November 1997 ist Karin gestorben.«

Wir fuhren an Baustellen vorbei durch Nebenstraßen. Ich hoffte, Valentina würde weiterreden, das Erzählte kommentieren, und sei es nur mit einem Satz. Dabei wusste ich, dass es keiner weiteren Erklärungen bedurfte. Ja, ich glaubte, es umso besser zu verstehen, je länger Valentina schwieg. Und doch hörte ich mich plötzlich fragen: »Und warum hat sie das getan?«

Valentina lachte auf, sah mich spöttisch von der Seite

an, nickte dann aber und sagte sehr ernst: »Das eigentliche Wunder ist, dass Karin überhaupt so lange gelebt hat, länger, als die optimistischsten Prognosen sie hatten glauben machen wollen. Und das wird sie sich ja auch gewünscht haben.«

Den Rest der Fahrt schwiegen wir, und noch lange nach unserem Abschied, als ich im Zug zurück nach Rom saß, war ich – als wäre das eine besondere Erkenntnis – ganz von dem Gedanken erfüllt, dass niemand von uns weiß, wie er dem eigenen Tod entgegengehen wird.

ORANGEN UND ENGEL

Letztes Wochenende, am dritten Advent, habe ich den Engel endlich ausgepackt. Vor einem Jahr hatten wir in Neapel fast zwei Stunden damit verbracht, ihn auszusuchen. Das heißt, eigentlich wollten wir gar keinen Engel. Wir wollten ein paar dieser kleinen Figuren für einen *presepe*, eine Krippe, wie man sie in der Adventszeit in fast jeder italienischen Kirche findet. Sie wachsen sich dort zu ganzen Städten und Landschaften aus wie bei uns die Spielzeugeisenbahnen. Bei einem früheren Besuch in Neapel hatte ich eine solche Figur gekauft, eine Marktfrau samt Obststand. Solange ich die Marktfrau auf der flachen Hand hielt, wirkte sie schön und verloren, wie die einzige Bewohnerin eines Sterns. Im Kinderzimmer jedoch kamen ihr erst die Melonen und Orangen abhanden, dann der Kopf. Wir hatten Ralf davon erzählt, und in Neapel erinnerte er uns nun daran. Ralf war nicht davon abzubringen gewesen, uns einen dieser großen Engel zu schenken – die besseren kosteten um die zweihundert Euro –, als Dank für unsere Gastfreundschaft, wie er sagte.

Gleich zweimal hatte uns Ralf letztes Jahr in Rom besucht, und zweimal war er von einem Moment auf den anderen wieder verschwunden. Von heute aus erscheint es fast so, als hätte er uns eine Art Pfand hinterlassen. Denn nachdem er in

Neapel ein Taxi gestoppt hatte, um die Verfolgung des Wagens mit den Frauen aufzunehmen, hatten wir nichts mehr von ihm gehört. Die Weihnachtskarte, die ich gestern erhielt und auf der er fragte, ob der Engel denn schwebe, war sein erstes Lebenszeichen seither.

Ich hätte den Engel kaum noch beschreiben können: groß, etwa vierzig Zentimeter lang, barock. Als ich ihn aus dem weichen Papier wickelte, erschien er mir merkwürdig geschrumpft – bis ich die extra verpackten Flügel entdeckte.

Plötzlich hatte ich wieder das vor Anstrengung verzerrte Gesicht des Verkäufers vor Augen, der versuchte, die Flügel aus dem Engel zu ziehen, während seine Frau erklärte, dass wir uns wegen des Transports keine Gedanken zu machen brauchten. Jedes Jahr würden sie ganze Krippen nach Kanada, Australien und Japan verschicken. Mit ausladenden Armbewegungen spornte sie ihren Mann an und vollführte das Abziehen und Anstecken unsichtbarer Engelsflügel mit großer Leichtigkeit. »*Si fa accussì!*« – So wird es gemacht, rief sie, »*si fa accussì*«.

Heute wundere ich mich, dass wir den Engel überhaupt noch genommen haben – nachdem man ihm die Flügel erst ausgerissen und dann wieder in ihn hineingebohrt hatte. Aber Ralf bestand darauf. Wir sollten doch nur einmal die Hände betrachten, so lebendig, als spielten sie Harfe!

Ich wollte den Engel besser behandeln als der Verkäufer, entdeckte die Einstichlöcher in dem schürzenartigen roten Überwurf, fand sie auch in dem langen, olivgrün schimmernden Gewand, fädelte den Nagel vorsichtig hindurch und – kam nicht weiter. Den Flügel mit dem Nagel wie einen Hirschfänger in der Hand, stocherte ich nach dem Loch, in dem er einmal gesteckt haben musste. Als ich stärker drückte, riss der Stoff. Ich hörte nur, dass etwas riss, zu sehen war nichts. Ich hatte schon fast aufgegeben, als der Nagel auf einmal mühelos hineinfuhr. Nun hielt ich den Engel an der Öse zwischen seinen Schulterblättern hoch, der Flügel klappte wie bei einer Marionette zur Seite. Der zweite Flügel, der ebenfalls rotblau leuchtete, machte mir nicht weniger zu schaffen.

Vielleicht haben meine Schwierigkeiten mit dem Engel und Ralfs Karte nichts mit dieser Geschichte zu tun. Es ist auch gar keine Geschichte, sondern eher das verspätete Tagebuch unseres dreitägigen Ausflugs nach Neapel. Denn das, was geschah, hängt allein zeitlich und räumlich zusammen. Ich glaube aber, dass mich das eine Erlebnis für das andere empfänglicher gemacht hat, so dass plötzlich alles eine Bedeutung erhielt, die es nüchtern betrachtet gar nicht gibt, zumindest nicht für andere.

Dass Ralf uns nach Neapel begleitete, war Zufall. Ralf ist ein Freund oder Bekannter – je nachdem, wie man es nimmt. Im September 1988 kam er als Absolvent der Ernst-Busch-Schauspielschule nach Altenburg ans Theater, bekam ein paar größere Rollen, hielt sich politisch zurück, dann aber, im Frühjahr neunzig – ich war schon bei der Zeitung –, begann er mit der Trinkerei. Ein Jahr später wurde ihm gekündigt, er machte eine Entziehungskur, kehrte nach Altenburg zurück und verdiente sich als Austräger unseres Anzeigenblattes etwas zum Arbeitslosengeld hinzu. Seine neue Leidenschaft wurden Computer, die Apple-Computer unserer Zeitung. Ralf freundete sich mit den beiden Setzerinnen an und schien bereits durch bloßes Zuschauen zu lernen. Als wir einen weiteren Setzer suchten, wollten die beiden Frauen Ralf. Er blieb bis zur Pleite Anfang 2001, machte sich danach mit der Gestaltung von Webseiten selbständig und wurstelt sich seither so durch. Obwohl wir eigentlich nie viel miteinander zu tun hatten – ich verließ die Zeitung kurz nach seiner Einstellung –, blieb er der Einzige aus dieser Zeit, von dem ich regelmäßig hörte.

Letztes Jahr fragte mich Ralf, ob er mit seiner neuen Freundin für zwei Nächte bei uns in der Villa Massimo unterkommen könne. Ich sagte zu, obwohl wir uns bei seinen Stippvisiten in Berlin immer nur kurz gesehen hatten.

Sein Besuch Ende Juni, er erschien dann doch allein, erwies sich zunächst als Segen – die Achillessehne an meinem rechten Bein war wenige Tage zuvor gerissen, ich war operiert worden, trug einen Gips und konnte mich nur auf Krücken fortbewegen. Ralf organisierte noch am Tag seiner Ankunft einen Rollstuhl und fuhr mich, wohin ich wollte. Mit den Kindern, auch denen der anderen Stipendiaten, wurde er schnell vertraut. Sie liebten ihn, obwohl er sich kaum um sie bemühte. Ralf konnte jodeln und zeichnen und Kopfstand, und er beherrschte Zaubertricks. Da er seine selbst gedrehten Zigaretten offenbar aus der Luft griff, manchmal bereits angezündet, und sie ebenso plötzlich wieder zum Verschwinden brachte, trauten die Kinder ihm jedes Wunder zu. Ihnen gegenüber war er überhaupt freier. Mit uns glaubte er immer über Bücher oder Kunst reden zu müssen, was auf Dauer ziemlich anstrengend war.

Nach anderthalb Wochen chauffierte uns Ralf ans Meer,

denn Tanja fuhr in Italien nur ungern Auto. Es wurde ein schöner Tag. Am Zugang zum Strand fasste er mich um die Hüfte, ich legte einen Arm um seine Schulter und kam so gut durch den Sand. Ich fand erst nichts dabei, dass wir über die Frauen sprachen, die auf dem letzten Wegstück, das durch einen Pinienwald führte, am Straßenrand gestanden hatten; fast ausschließlich farbige Frauen in kurzen bunten Kleidern oder hautengen Hosen, die der Straße den Rücken zuwandten. Ralf interpretierte das als Scham, ich vermutete darin eine andere Tradition – die Hetären des Altertums sollen ihre Kundschaft ebenfalls mit dem Hintern statt mit den Brüsten gelockt haben. Auch am nächsten Tag gab es für Ralf kein anderes Thema. Ob ich wisse, woher die Frauen stammten, wo und wie sie wohnten, ob sie Papiere hätten, wie viel sie verlangten, wie viel ihnen die Zuhälter abzögen, ob sie sich dort waschen könnten und ob sie überhaupt je das Meer zu sehen bekämen und Ähnliches mehr.

»Woher soll ich das wissen?«, raunzte ich ihn schließlich an.

Nachmittags bat mich Ralf dann um das Auto. Er kehrte erst am frühen Morgen zurück, schlief bis Mittag, kasperte mit den Kindern herum, verschlang ein paar Marmeladenbrote und lieh sich den Wagen am frühen Abend erneut. So ging das mehrere Tage. Ich fand sein Verhalten peinlich und pubertär. Tanja aber meinte, für die Frauen sei jemand wie Ralf sicher angenehmer als diese Typen, die wir rudelweise am Straßenrand gesichtet hatten. »Hauptsache, ihm passiert nichts.«

»Ich ekle mich vor ihm«, sagte ich und sprach damit aus, was mir erst in diesem Moment klar geworden war. Seine

Zahnbürste neben meiner zu sehen, widerte mich an, dasselbe Klo, dieselbe Dusche wie er zu benutzen, kostete mich plötzlich Überwindung.

Ralf muss das gespürt haben. Eines Morgens saß er auf seinem Koffer, verabschiedete sich von den Kindern, bedankte sich bei uns und reiste ab. Unser Wagen stand vollgetankt und innen wie außen blitzblank geputzt auf dem Stellplatz.

Als er sich vier Monate später, im November, wieder meldete, waren ihm seine Eskapaden offenbar unangenehm; zumindest entschuldigte er sich am Telefon, ohne zu sagen, wofür. Da ich mir inzwischen eingestanden hatte, wie reizbar und ungerecht ich während meiner Krücken- und Rollstuhlzeit gewesen war, wollte ich ihm den zweiten Besuch nicht abschlagen. Es war so eine Art gegenseitiger Wiedergutmachung.

Als Ralf am 6. Dezember in Rom erschien, jubelten die Kinder. Uns bescherte er gleich zwei freie Abende. Zu Ralfs neuem Erkennungszeichen wurde sein unmäßiger Orangenkonsum. Zuerst hielt ich das für eine vorübergehende Marotte; er las Seumes *Spaziergang nach Syrakus*, und ich hatte zu ihm gesagt, dass ich es tröstlich fände, dass Seume sich wenigstens für ein paar Wochen an Orangen habe satt essen können. Aber Ralfs Appetit ließ nicht nach. Täglich schleppte er mehrere Kilogramm Orangen vom Markt heran, verteilte sie wie Werbegeschenke und stopfte sich selbst damit voll. Unentwegt und überall sah man ihn Orangen schälen, und immer schälte er sie spiralenförmig, so dass Gebilde entstanden, die man auf Fingerkuppen balancieren oder auf Flaschenhälse setzen konnte, wie ich es zuletzt als Kind gesehen hatte, als Orangen noch rar waren. Äffchen machen, hatten wir das genannt.

Ralf machte sich nützlich, wo er nur konnte, kümmerte sich um meine Webseite, zeigte Tanja, wie man am Computer Filme schneidet, und lud jede Menge Trickfilme herunter. Über seine sommerlichen Ausflüge verlor unser Orangenmann kein Wort. Als wir ihn fragten, ob er mit nach Neapel fahren wolle, war er Feuer und Flamme.

Ich war voller Vorfreude – und das, obwohl ich etwas über die Tadema-Ausstellung im Nationalmuseum schreiben sollte. Selbst die Mädchen, die genug von unseren Ausflügen hatten und mit Versprechungen nicht mehr zu beeindrucken waren, konnten am Abend vor der Abfahrt kaum einschlafen.

Am Morgen des 12. Dezember schien es jedoch, als würde der eskalierende Streik der Spediteure unsere schönen Pläne durchkreuzen. Bei keiner der Taxinummern, die ich wählte, hatte ich Erfolg. Den Tankstellen ging das Benzin aus, in den Supermärkten leerten sich die Regale, Obst und Milch waren aus manchen ganz verschwunden. Mit Koffer, Taschen und den beiden Mädchen hasteten wir zur Piazza Bologna. Die Metro, um diese Zeit sowieso überfüllt, war die Hölle – oder eben das, was unsereiner als Hölle bezeichnet. Ohne Ralf hätten wir den Zug, für den wir Platzkarten besaßen, verpasst. Weil Tanja und ich genug damit zu tun hatten, die Kinder vor dem Zerquetschtwerden zu schützen, übernahm Ralf alles Gepäck, schaffte es damit aber nicht mehr in unsere Metro. Erst kurz vor der Abfahrt des Zuges tauchte er in Termini auf: Den Koffer trug er auf dem Kopf, ihn mit einer Hand in der Balance haltend, die Taschen hingen über der Schulter, an seinem rechten Handgelenk baumelte eine blaue Plastetüte mit Orangen.

Mich fasziniert immer wieder, dass es von Rom aus nur zwei Stunden bis Neapel sind, wie auch, in entgegengesetzter Richtung, zwei Stunden bis Florenz. Für mich ist das so, als ob Rom auf dem Äquator läge und sich über Florenz und Neapel verschiedene Himmel wölbten.

Es mag schwärmerisch oder zumindest übertrieben anmuten, wenn ich sage, dass ich das Einzigartige Neapels bereits gespürt hatte, als ich vor zwei Jahren zum ersten Mal auf der Piazza San Domenico Maggiore aus dem Taxi gestiegen war. Diese Stadt besitzt eine andere Dichte – ich habe kein anderes Wort dafür als Dichte. Der Raum dieser Plätze, Straßen, Gassen, Höfe ist so aufgeladen, dass mir die Neapolitaner in gewissem Sinne reifer erscheinen als die Bewohner anderer Städte. Und herzlicher, und vielleicht auch gemeiner, je nachdem, an wen man gerät. Sie haben keine Kraft und keine Zeit für Illusionen.

Neapel ist eine Stadt, die ihre Schönheit verschleudert, nicht nur durch Kriminalität und Verfall. Hier tauchen die prächtigsten Kirchen so plötzlich vor einem auf, dass man kaum die Fassade sieht, geschweige denn einen Gesamteindruck erhält. Die eigentliche Pracht zeigt sich oft erst im Hinterhof. Nirgendwo sonst ist die Luft derart gesättigt von Gerüchen, auf Schritt und Tritt ändert sie sich. Man wird taxiert, berührt und angerempelt, und nie ist es still. Das Geknatter der *motorini* zwingt zum ständigen Blick über die Schulter. Aber diese Dichte wäre nichts ohne die dazugehörige Weite. Es genügt mitunter, ein paar Treppenstufen zu steigen oder die Straßenseite zu wechseln oder sich einfach nur umzudrehen, und schon schwindelt es einen bei dieser *vista sul mare*, die ich zum ersten Mal von einem Fenster des Hotel Britannique aus erlebte, in dem wir auch diesmal wohnten. Mit seiner Einrichtung aus den siebziger Jahren ist es schon ziemlich abgewirtschaftet; allein die hohen Räume lassen noch etwas von seiner früheren Grandezza erahnen. Selbst jetzt erschauere ich, wenn ich mich an meinen ersten Besuch erinnere – wie ich im abgedunkelten Zimmer die Fensterflügel öffne, die Holzläden aufstoße und die Augen schließe, weil mich das Licht wie ein Schlag trifft. Nach allen Beschreibungen, die ich gehört und gelesen hatte, nach all den Gemälden, Fotos und Filmen glaubte ich mich vorbereitet auf diesen Moment. In den ersten Augenblicken, in denen man noch geblendet nach Orientierung sucht, ist es, als sei man selbst in ein Bild oder in einen Film geraten – alles ist vertraut, nichts ist vertraut. Ich habe den Anblick des Golfs nie als eine Wiederbegegnung empfunden, schon weil das Licht und die Färbung des Wassers jedes Mal einen anderen Raum entstehen lassen. Jedes Mal aufs Neue erschrecke ich, wie nah der Vesuv ist, jedes Mal erscheint es mir unwirklich, dass auf dieser Halbinsel dort tatsächlich Sorrent und Amalfi liegen, dass diese Insel da Capri ist. Diese Weite ist das Gegenstück zur Dichte und ihr doch inniglich verwandt. Ein Blick über den Golf umschließt alles, was uns ausmacht, von Vergil bis Nietzsche und Wagner, von Benjamin über Malaparte bis Saviano – Namen, die fast beliebig wirken angesichts der Fülle, aus der sie gewählt sind.

So ungefähr dozierte ich, als die Kinder im Zug eingeschlafen waren und Ralf seine Orangen schälte und in jeweils drei Teile zerlegte. Ich sagte auch, dass ich mir der Fragwürdigkeit solcher Generalisierungen bewusst sei, dass sie wohl eher meine Unwissenheit offenbarten als tatsächliche Kenntnis, aber eben auch einen Versuch darstellten, mich an diesem Ort zurechtzufinden.

Natürlich sind andere Städte lauter, duftender, stinkender, enger, schneller, weiter, unberechenbarer – Kalkutta, Sanaa, Kairo, Tokio. Ich kann sie lieben oder hassen, sie bleiben fremde Städte. Neapel hingegen ist der schräge Vogel in der eigenen Familie, der sehr viel mehr irritiert als ein Verrückter auf dem Bahnhof, Neapel ist die schöne Tante oder Nichte, die meine Gedanken mehr verwirrt als jedes Pin-up-Girl.

In Neapel schien es keinen Streik zu geben, oder seine Spuren waren für uns nicht sichtbar. Zumindest gab es genügend Taxis. Wir brachten das Gepäck ins Hotel, fuhren zurück in die Stadt, gingen mit den anderen von der Villa Massimo, die verspätet eintrafen, weil die Autobahn von quer gestellten LKWs blockiert gewesen war, in die Pizzeria del Presidente und dann hinauf ins Nationalmuseum.

Allein unseren Weg durch die Gassen zu beschreiben – die warmen dunklen Farben der Fassaden, die Adventsbeleuchtung, die milde Temperatur, den hellen Himmelsstreifen zwischen den Dachrinnen, die Wäscheleinen und die Möwen und Tauben, die man für Taschentücher halten konnte, die der Wind losgerissen und in die sonnenlose Bläue gewirbelt hat –, so einen Weg wirklich zu beschreiben brauchte viel Zeit und Raum und würde trotzdem nicht an das Glück rühren, das ich bei jedem Schritt empfand, ein Glück, das mir so grundlos wie selbstverständlich erschien.

Im Nationalmuseum standen wir lange vor dem *Farnesischen Stier*. Paula wollte zu allem eine Geschichte hören. Vor dem *Alexander-Mosaik* rätselten wir, wer der Mann hinter dem reitenden Alexander sein könnte, und bedauerten die am Boden liegenden Soldaten, über die der Streitwagen des flüchtenden Perserkönigs hinwegrollt. Ralf trug Anna fast die ganze Zeit huckepack.

Ich hatte es eilig, ins Obergeschoss zu kommen, zu der Tadema-Ausstellung. Die wenigen Bilder, die ich von Sir Lawrence Alma-Tadema kannte, hatten mich eher belustigt. Sein Handwerk beherrschte er wie kein Zweiter, jedes Detail, jede Schattenbrechung auf poliertem Marmor, jedes Gewandornament über dem Knie einer Sitzenden war vollendet. Tademas Granatäpfel schienen jeden Moment aus dem Bild zu rollen, so plastisch waren sie da aufgetürmt – und doch langweilte er mich unendlich. Und das nicht nur, weil die Gesichter seiner Idealgestalten alle einander ähnelten. Ich sah in diesen Bildern den Inbegriff eines Zeitgeistes – die Akademien hatten sich Ende des 19. Jahrhunderts um Tademas Mitgliedschaft gerissen –, der seine schillernden Festumzüge auf einem Abstellgleis zelebriert. Als Phänomen interessierte es mich, dass da einer im Zeitalter der Fotografie an einer Art Vedutenmalerei festhielt und seine Salongäste, die vielleicht mit der Eisenbahn angereist waren, im antiken Gewand auf die Leinwand brachte. Für jemanden, der 1836 geboren worden war und 1912 starb, ließen sich mildernde Umstände finden, wenn er vor der Beschleunigung in eine vermeintlich ewige Klassizität zu fliehen versuchte. Dennoch: Wäre diese Malerei nicht schon in Tademas Geburtsjahr anachronistisch gewesen? Oder war mir etwas entgangen? Das wollte ich vor seinen Bildern herausfinden.

Im oberen Stockwerk angekommen, erblickte ich zuerst

den Vesuv. Man sieht ihn aus dem Raum mit dem Pompeji-Modell und begreift, was man als Binsenweisheit belächeln mag: Ohne den Vulkan gäbe es kein Pompeji, kein Herculaneum, also auch keine Wandmalereien, kein *Alexander-Mosaik*; es gäbe auch dieses Museum nicht, und selbst Tadema hätte anders gemalt.

Kein Wunder, dass man sich den Vesuv gleichfalls museal denkt. Die Entfernung und die erhöhte Lage des Museums würden uns vielleicht vor der sich heranwälzenden Lava schützen. Aber ein Tod aus der Luft wäre denkbar. Herculaneum war unter Schwärmen kleiner Lavastücke und dem Ascheregen verschüttet worden, giftige Gase, derentwegen Grabungen noch heute riskant sein sollen, hatten ein Übriges getan. Stünde der Wind ungünstig, würde ein erneuter Ausbruch heute wesentlich mehr Opfer kosten als vor zweitausend Jahren.

»Eigentlich«, sagte Tanja, »dürfte man ohne Platzkarte für den Evakuierungszug gar nicht in die Stadt gelassen werden.«

Aus dieser Idee hätte womöglich ein guter Einstieg für einen Artikel »Tadema – Unter dem Vulkan« werden können. Die Ausstellung aber war geschlossen. Wir begriffen das erst gar nicht und hielten die Kordel, die den Saal teilte – in der einen Hälfte waren verschiedene Maler antiker Veduten zu sehen, in der anderen Tadema –, zunächst für eine Vorsichtsmaßnahme zum Schutz der Bilder. Als wir den Irrtum bemerkten, zeigte ich unser Zusatzticket vor. Doch die uniformierten Frauen und Männer, die neben der Absperrung saßen, wandten sich ab. »*Chiuso, chiuso!*«, rief die am nächsten Sitzende, ohne unsere Eintrittskarte eines Blickes zu würdigen.

»Ich habe bezahlt«, sagte ich, »und möchte jetzt die andere Hälfte des Saals sehen.« Sie schwiegen. Ich müsse darüber schreiben, das sei schließlich auch in ihrem Interesse. Keine Reaktion. Erst als ich Anstalten machte, die Kordel abzuhängen, kam Leben in die Damen und Herren. Ein Signore fasste mich am Oberarm. Es kostete ihn Mühe, nicht laut zu werden. Tanja übersetzte. Arbeitslose hätten sich auf dem Balkon dort vorn verbarrikadiert und Spruchbänder entrollt. Niemand wisse, wie sie reagierten, komme man ihnen zu nahe; die Polizei sei verständigt, wir sollten warten. »Wie lange?«, fragte ich. »Ein paar Stunden nur«, bekam ich zur Antwort. Endlich ließ er mich los.

Ich war ratlos. Die Uniformierten registrierten sofort meine Kapitulation und kehrten zurück auf ihre Stühle. »Dann kann ich eben nichts darüber schreiben«, sagte ich. »Dann bist du jetzt frei«, sagte Tanja.

Für die abendliche Lesung stiegen wir von einer Seitengasse unmittelbar an der Piazza San Domenico Maggiore hinab in ein Atelier. Camilla Miglio, Professorin an der L'Orientale, hielt eine Einführung. Das Publikum bestand nahezu ausschließlich aus Studentinnen, die meisten waren kaum älter als zwanzig Jahre. Immer wieder sah ich zu den Fenstern hinauf, die zur Piazza hinausgingen. Letztes Jahr, so war uns erzählt worden, als Terézia Mora hier gelesen hatte, war es wegen der Sirenen und des Geschreis und des Blaulichts auf der Piazza fast zum Abbruch der Veranstaltung gekommen. In unmittelbarer Nähe hatte man den Sohn eines hochrangigen Mafioso erschossen.

Die Rückkehr ins Hotel war ein Schock. Die Mädchen

schliefen, Ralf lag quer über unserem Bett, auf dem kleinen Tisch am Fenster stand eine leere Flasche Rotwein mit hineingedrücktem Korken, auf einer Untertasse lagen Kippen, daneben übereinandergestapelte Orangenschalen. Ralf brauchte eine Weile, um zu sich zu kommen. Er begriff erst gar nicht, warum wir flüsterten.

Er trinke schon lange wieder, in Maßen, sagte er, nur in Maßen, das schade doch nichts. Das sei egal, sagte Tanja, ob in Maßen oder nicht, außerdem sei eine Flasche nicht unbedingt »in Maßen«. Warum er heimlich trinke, fragte ich. Er trinke doch nicht heimlich. Mit uns habe er nie etwas getrunken, sagte ich. »Ihr trinkt ja auch nicht«, sagte Ralf. »Deinetwegen«, sagte ich.

Sein Rotweinatem war mir unerträglich. Ich wollte nur, dass er schnell aus dem Zimmer verschwand.

Am nächsten Morgen setzte sich Ralf gut gelaunt an unseren Frühstückstisch. Wenn wir nichts dagegen hätten, würde er uns nach Pompeji begleiten.

Tanja erzählte von den Hunden, die meiner Mutter im Sommer 2001 dort nachgelaufen waren. Am Ausgang hatte sie kurz entschlossen die Wasserflasche eines Straßenhändlers geöffnet und das Wasser in ihre hohle Hand laufen lassen, damit die Hunde trinken konnten. Ralf sagte, dass Pompeji ohne den Vesuvausbruch heute ein vollkommen unbedeutender Ort wäre, sehenswert höchstens wegen einer alten Kirche, ausgepinselt in provinziellem Barock. Diese Formulierung kann man wortwörtlich im Reiseführer nachlesen.

Die Kinder fanden Pompeji langweilig – bis auf die Leichen, die in Vitrinen zu sehen waren. Mich überfiel eine merkwürdige Traurigkeit, als ich mir vorstellte, wie diese Stadt, in der man noch bis ins erste vorchristliche Jahrhundert vor allem Griechisch gesprochen hatte, kolonisiert worden war. Ehemalige römische Legionäre hatten mit ihrem Geld ein Amphitheater errichten lassen. Nach und nach waren Gladiatorenspiele an die Stelle von Tragödienaufführungen getreten. Auch wenn man davon ausgehen kann, dass die Griechen in ihren Kriegen nicht weniger grausam gemetzelt hatten als die Römer, ließ sich doch erahnen, wie sehr sich der Alltag innerhalb eines Menschenlebens brutalisiert haben muss. Das rekonstruierte Amphitheater war geschlossen, die Zugänge, durch die man die Todgeweihten getrieben hatte, waren mit Gittern verrammelt. Es stank. Mir kam es so vor, als wäre das ein ewiger Gestank, als hätte auch die Todesangst, die als Urin und Kot in die Steine gesickert war, überdauert.

Der Vesuv zeichnete sich klar vor dem Nachmittagshimmel ab. Was würden wir tun, sollte er jetzt ausbrechen? Ich überlegte, ob Ralf uns auch dann noch beistehen würde wie tags zuvor in der Metro. Und wir? Würden wir ihn verletzt zurücklassen, um die Kinder und uns zu retten? Und wie sähe der Moment aus, in dem wir – die Kinder auf dem Arm – begriffen, dass es keine Rettung mehr gab? Ich dachte an die Szene in *Kill Bill*, in der Uma Thurman lebendig begraben wird. Sie schaltet die Taschenlampe an und arbeitet sich durch Sarg und Erde nach oben. Anders konnte ich mir unser Schicksal wider besseres Wissen nicht vorstellen: Auch wir würden uns immer wieder selbst ausgraben.

Mehrfach hatte sich unser Weg mit dem einiger junger Asiatinnen gekreuzt, zuletzt – die Dämmerung war bereits angebrochen – an der Villa dei Misteri. Vor dem perspektivisch gemalten Wandfries, der gerade durch die leichte Abweichung von der Zentralperspektive so modern wirkt, gerieten wir ins Spekulieren. Was war alles verloren gegangen, wenn sich schon in einem der wenigen nicht zerstörten Häuser eines Provinznests ein solches Kunstwerk fand? Eines der asiatischen Mädchen betrat den Raum, warf einen Blick auf den Fries und verschwand wieder. Ich konnte mich nicht beherrschen. »*There is nothing better than this*«, rief ich und lief ihr ein paar Schritte hinterher. Schauen Sie in die Gesichter dieser Frauen, wollte ich sagen, sehen Sie diese Geste, die erhobenen Arme und in den Händen die kleinen Becken? Ist es nicht, als wäre dies alles erst gestern gewesen?

Erschrocken sah sich die Asiatin nach mir um, zögerte kurz, ich winkte ihr zu, sie jedoch ergriff die Flucht wie eine Nymphe vor Pan.

Tanja meinte, das sei doch reizvoll: eine Reise, bei der man die eigentlichen Sehenswürdigkeiten ausspart, so wie es angeblich Roussel getan hat, der sich überall hatte hinfahren lassen, aber dann nicht mal ausgestiegen war, der, selbst in Ägypten, nur die Gardine vom Wagenfenster ein Stück zurückgezogen hatte. Ich sagte, dass ich darin nichts Reizvolles entdecken könne, wirklich nicht. Ralf überlegte offensichtlich noch, auf wessen Seite er sich schlagen sollte. Plötzlich aber, ohne ersichtlichen Grund, breitete er die Arme aus, ließ seine Hände kreisen und begann mit kleinen Schritten auf den Steinen vor der Absperrung zu tanzen. Dabei hielt er die Augen geschlossen, hob langsam die Arme, die Finger wanden sich ineinander, sein Kopf schmiegte sich mal an den einen, mal an den anderen Oberarm. Dann schnippte er mit den Fingern, vollführte ein paar Drehungen, seine Arme schlängelten sich seitlich ausgestreckt …

Sein Tanz dauerte nicht länger als eine halbe Minute. Nach einem abschließenden Trapptrapptrapp seiner Füße öffnete er wieder die Augen.

»Wo hast du das gelernt?«, fragte Tanja.

»Am Meer«, sagte er, »im Sommer.«

Ralf ließ sich auch von den Kindern zu keiner weiteren Vorführung überreden, versprach aber, im Hotelzimmer mit ihnen zu tanzen.

Daraus wurde jedoch nichts, weil er sich nach der Rückkehr von uns verabschiedete, um noch etwas von der Stadt zu sehen.

Wir waren abends im L'Oca mit Valentina und Carmen verabredet, die mich bereits zweimal nach Neapel eingeladen hatten. Valentina sagte, dass gestern Abend drei Männer erschossen worden seien, auf halbem Weg zwischen dem Atelier und der Cappella Sansevero, also kaum hundert Meter vom Ort der Lesung entfernt.

Am nächsten Morgen packten wir unsere Sachen und fuhren mit Ralf zu Raimondos Buchhandlung Dante & Descartes, wo wir unser Gepäck bis zur Abfahrt lassen konnten. Ich hatte kurz überlegt, noch einmal wegen Tadema ins Museum zu gehen, aber dieser Tag sollte den Kindern gehören. Und die wollten Krippenfiguren sehen und ins Aquarium.

In der Via S. Gregorio Armeno reiht sich Geschäft an Geschäft. In keinem gibt es etwas anderes als Krippenfiguren. Wie gesagt, es war dann Ralf, der uns den Engel schenkte.

Am liebsten wäre es ihm wohl gewesen, wenn auch wir einen Engel gekauft hätten, für jedes Kind einen. Anna und Paula durften sich jeweils eine kleine Figur aussuchen, beide wählten allerdings die gleiche: einen Hirten mit einem Lamm über der Schulter. Ralf trug die große grüne Schachtel uns voran zum Buchladen.

Bei Raimondo gab es Kaffee und für die Erwachsenen *Baba*, die Kinder bekamen Kakao und Gebäck und die unvermeidlichen Orangen.

Ralf war vor die Tür gegangen, um zu rauchen. Ich erzählte Raimondo von dem missglückten Versuch, die Tadema-Ausstellung zu sehen, und sagte, dass es tatsächlich stimme, was im Reiseführer stehe, nämlich dass in Neapel alles in Gebrauch genommen werde, alles im Jetzt stattfinde. Nicht einmal das Museum, sagte ich, sei ein Ort für die Vergangenheit, auch dort triumphiere die Gegenwart in Gestalt der protestierenden Arbeitslosen, so wie eines Tages auch der Vesuv wieder triumphieren werde. In meine letzten Worte mischte sich Geschrei von der Straße. Ich nahm es wahr, ohne es weiter zu beachten. In Neapel schrie ständig jemand, und zu sehen war vor der Tür, die auf die Via Mezzocannone führte, auch niemand.

Später versuchten wir zu rekonstruieren, was wir eigentlich gehört hatten. Eindeutig war nur das »Stopp!«, schon bei den Namen konnten wir uns nicht einigen. »Felice« glaubte ich verstanden zu haben, aber weder Tanja noch Raimondo konnten sich daran erinnern.

Als Erste reagierte Tanja. »Ralf schreit«, sagte sie, »das ist Ralf.« Sie sagte es sehr beherrscht, als wollte sie niemanden beunruhigen. Wir standen auf und gingen nach draußen.

Ralf rannte die Straße zu uns herauf, winkte uns, er schrie diesen Namen, Felice, wie ich meine. Er habe sie in einem Auto gesehen, zusammen mit drei anderen Frauen, er habe sie erkannt. »Sie hatten nichts an«, rief er. Die Straße hinunter fuhr ein Wagen, die Bremslichter leuchteten auf, ein silberfarbener Wagen, mittelgroß, nichts Besonderes. Ralf stoppte ein Taxi, das heraufkam (am oberen Ende der Straße war ein Taxistand). »Ruft die Polizei«, sagte er, sprang ins Taxi und knallte die Tür zu. Über die Lehne des Vordersitzes gebeugt, sahen wir ihn gestikulieren. Das Taxi musste rangieren, um zu wenden, dann fuhr es ebenfalls die Straße hinunter. Der silberfarbene Wagen bog nach links ab.

»Wir müssen die Carabinieri rufen«, sagte Tanja.

»Und was erzählst du ihnen?«

»Dass Frauen ohne Kleidung in einem Auto saßen.«

Ich wählte Ralfs Handynummer. Seine Mailbox ging an, ich wählte erneut, bis wir begriffen, dass es in seiner Umhängetasche klingelte, die hinter dem Ladentisch lag. In der Tasche waren außer zwei Orangen auch sein Portemonnaie, Zahnbürste und Zahncreme und der Reiseführer.

Wir erwarteten die Carabinieri in dem grün gestrichenen Salon über der Buchhandlung. Wir konnten ihnen nur Ralf beschreiben, ihn und das, was er gerufen hatte. Tanja sagte, dass er sich offenbar mit einer oder mehreren Prostituierten im Sommer angefreundet habe, am Meer, südlich von Ostia. Ob er ihr Kunde gewesen sei, fragten die Carabinieri. »Wahrscheinlich«, sagte sie.

Der kleine Carabiniere verriet keine Regung, während der große mich anstarrte, als sei ich der Delinquent. Sie notierten

Ralfs Handynummer. Tanja sah die letzten Anrufe von Ralf durch, aber wie es schien, hatte er seit dem 6. Dezember, also seit seiner Ankunft in Italien, nicht telefoniert. Und empfangen hatte er nur eine SMS-Nachricht, die auf das »günstige Reiseversprechen« von Vodafone hinwies. Auch unter den gespeicherten Nummern fand sich keine italienische Vorwahl – bis auf unsere. Schließlich nannte ich den Carabinieri die Adresse der Villa Massimo und erhielt eine Telefonnummer, unter der wir uns melden sollten, sobald Ralf wieder aufgetaucht war.

Als Raimondo uns anbot, den Besuch im Aquarium abzusagen, widersprachen wir wie aus einem Mund. Nichts auf der Welt erschien mir in diesem Moment erstrebenswerter, als mit Tanja und den Kindern ins Aquarium zu fahren.

Während der kurzen Taxifahrt ertappte ich mich dabei, dass ich ständig in die anderen Wagen spähte. Warum aber sollten Zuhälter am helllichten Tag nackte Frauen durch die Stadt bugsieren? Die Carabinieri hatten nicht nachgefragt, was immer das bedeuten mochte. Wir mussten wieder durch den langen Tunnel. Die Stazione Zoologica Anton Dohrn – so die genaue Bezeichnung – liegt auf der anderen Bergseite, in einem kleinen Park.

An der Kasse roch es unangenehm nach Fisch. Aber das störte uns nicht, im Gegenteil, ich war froh über alles, was sich zwischen uns und Ralf schob.

Christiane Groeben, die Archivarin der Stazione, die seit über dreißig Jahren in Neapel lebt, führte uns nach oben in den Saal mit den Fresken von Hans von Marées. Die Mädchen zog es zu den Fischen, aber wenigstens einen Blick wollten wir auf die Fresken werfen. Ich versuchte, mich, so gut es ging, auf die Erklärungen zu konzentrieren.

In nur anderthalb Jahren, 1872/73, war das Gebäude errichtet worden, damals noch direkt am Wasser. Heute trennt die breite Uferstraße die Stazione vom Meer. Die Fresken entstanden im Sommer und Herbst 1873. Seither sind sie schon mehrmals restauriert worden, zuletzt in den neunziger Jahren.

Obwohl die Mädchen sofort zu toben begannen und kaum zu bändigen waren, so dass wir uns gleich zu Anfang und dann immer wieder zu Entschuldigungen gegenüber unserer Führerin genötigt glaubten, kam der Anblick der Fresken für mich einer Entdeckung und einem Geschenk gleich.

Ich bewunderte, wie Marées allein aus der Anordnung der Figuren eine Spannung erzeugt und wie die Gesichter Individuelles und Abstraktes vereinen. Nichts ist ihm fremder als die theatralische Geste, die erzählerische Episode oder der Schnappschuss des um ein Jahr älteren Tadema. Die einzelnen Fresken, von denen jedes für sich besteht, steigern sich gegenseitig. Sie treten in Beziehung zueinander, ohne eine Geschichte zu erzählen. Und natürlich erstaunt auch das Konzept der Unternehmung. Das Zusammenspiel von Kunst und Wissenschaft — der ursprünglich als Konzertsaal gedachte Raum, der bald zur Bibliothek wurde, entspricht dem großen Laboratorium auf der anderen Seite des Gebäudes — wurde durch das Aquarium zu einem Dreiklang erweitert. Es sollte Geld einspielen und die wissenschaftlichen Erkenntnisse popularisieren.

Das Eigenartige war, dass sich in diesem Raum die panische Stimmung legte, in die mich Ralfs letzte Eskapade versetzt hatte. Ich kann nicht sagen, warum das so war. Jedenfalls lag es nicht daran, dass mich die Fresken auf andere Gedanken gebracht hätten. Im Gegenteil, in allem sah ich Ralf. Nicht im Sinne einer Ähnlichkeit, auch wenn das Pergola-Fresko an der östlichen Stirnseite, auf dem Marées sich und seine Freunde gemalt hat, etwas von meinem oder unserem Verhältnis zu Ralf beschrieb, unser Miteinander wie unsere Gegensätzlichkeit. Doch dieser Analogie hätte es nicht bedurft.

Das Seebild mit den Ruderern an der Nordwand, die Netzträger an der anderen Schmalseite oder die beiden Orangenhain-Fresken zwischen den drei hohen Balkontüren zum Meer hin – jedes einzelne Fresko hätte mir schon genügt, ja, selbst mit einem Ausschnitt, einem Detail wie der Möwe, die hinter dem Boot dicht über das Wasser gleitet, oder der Hand, die nach der Orange greift, wäre ich glücklich gewesen. Marées hatte etwas Alltägliches in Kunst verwandelt. Das war die schlichte Entdeckung. Bei ihm war die Möwe eine Möwe und ein Bote über den Wassern. Die Orangen waren Orangen, und zugleich waren sie die Äpfel der Hesperiden und die Paradiesfrucht.

Jede Minute, die ich inmitten der Fresken stand, schien mich zu stärken und ließ mich freier atmen. Zwischen den Orangenhainen ging der Blick hinaus auf den Golf. Ich konnte nicht sagen, ob es sinnvoll war, was Ralf gerade tat; vielleicht war es sogar falsch. Ich wusste nicht einmal, ob ich hoffen sollte, dass er den silberfarbenen Wagen einholte oder dass er ihn aus den Augen verlor. Ich wünschte mir nur, Ralf möglichst schnell wiederzusehen. Alles andere würde sich finden.

Wir stiegen schließlich hinunter zu den Aquarien, wo der

Geruch nicht mehr so penetrant war wie bei unserer Ankunft, und blieben gleich vor einem großen Oktopus stehen, der reglos auf den Steinen lag.

Es ist keine nachträgliche Erfindung, wenn ich behaupte, seine Haltung entsprach der eines Menschen auf einer Chaiselongue, ja, in gewisser Weise erinnerte er mich an Tischbeins Goethe, denn der mächtige Kopf und Rumpf – es ist schwer, dies genau voneinander zu unterscheiden – war leicht nach links geneigt, während er sämtliche Arme nach rechts ausgestreckt hatte. Ich fand es merkwürdig, die Saugnäpfe zu betrachten, die mir als *insalata di polpo* oder als *frutti di mare* vertraut waren. Anna fragte, ob der Tintenfisch lebendig sei. Tatsächlich glich er eher einem algenartigen Gebilde. Ohne die Erklärungen von Frau Groeben wären wir wohl bald weitergegangen. Drei Herzen habe er und zudem blaues Blut. Er sei ein edles Geschöpf, denn wenn man das Verhältnis seiner Gehirnmasse zum Gesamtgewicht vergleiche, sei er höher entwickelt als der Mensch. »Und was die Eleganz betrifft«, fügte sie mit einem Zucken der Mundwinkel hinzu, »ist es sowieso ein Fehler der Evolution gewesen, das Wasser zu verlassen.«

In die Spitzen seiner Arme war Bewegung gekommen, wobei ich mich fragte, ob dieses leichte Kräuseln wirklich von ihm ausging oder doch nur die Wasserströmung zur Ursache hatte. Dann aber war nicht mehr zu übersehen, dass die Arme eine wellenförmige Bewegung durchlief, die stärker und stärker wurde, als ob ein Motor allmählich auf Touren kommt. Zwar glichen sich seine Tentakel in der Art und Weise, wie sie sich schlängelten, doch geschah das keineswegs synchron. War es nicht unglaubwürdig, dass die Bewegungen dieser Gebilde zu ein und demselben Wesen gehören und ein und demselben Willen unterworfen sein sollten? Manche Spitzen rollten sich ein, andere entrollten sich, die einen erhoben sich, andere sanken, die einen schlugen stärker aus, andere weniger. Von dieser so vielgestaltigen wie einheitlichen Belebung ging für mich eine geradezu hypnotische Wirkung aus.

Die Mädchen hatten bereits genug und zogen zum nächsten Aquarium. Tanja folgte ihnen. Frau Groeben sagte, dass Kraken wegen ihrer Intelligenz von enormer Bedeutung für die Forschung seien. Und dann erzählte sie eine fast unglaubliche Geschichte. Ein Vorvorgänger des jetzigen Exemplars war in einem Forschungsbassin von einem der Angestellten geärgert worden. Der Mann hatte immer wieder im Wasser geplätschert, was Tintenfische offenbar nicht mögen. Wieder und wieder war der Oktopus aufgescheucht worden. Als der Mann am nächsten Morgen den Raum betrat, traf ein Schwall Wasser sein Gesicht. Noch bevor er irgendetwas begriff, bekam er eine weitere Ladung vor den Latz. Seine Kollegen, denen er davon berichtete, glaubten ihm zuerst nicht. Später aber entdeckten sie, dass auch die Tür nass war und die Lache davor nicht allein von den beiden Würfen herstammen konnte. Der Tintenfisch, so schlossen sie – und der Meinung war auch unsere Führerin –, hatte in der Nacht geübt und Wassersalven in Richtung Eingang geschleudert.

Ich war so auf die Erzählung konzentriert gewesen, dass mir erst gar nicht bewusst wurde, was ich sah. Der ganze Oktopus war von den Bewegungen seiner Arme ergriffen worden. Er hatte sich von den Steinen erhoben, schwamm mit dem Kopf voran nach rechts, tauchte nach unten, schwamm zurück, seine

Arme wie ein Girlandenbündel mit sich ziehend, stieg wieder auf, wiederholte die Bewegung. »Das sind ja Purzelbäume!«, rief ich überrascht.

Als hätte ich ihn angefeuert, erhöhte er das Tempo und verringerte zugleich den Radius seiner Bewegungen. Er befand sich in einer unaufhörlichen Rolle vorwärts, wobei ich nicht zu sagen gewusst hätte, zu welchem Zyklus das Kreisen seiner Arme gerade gehörte – ob zum gegenwärtigen oder noch zu dem vorangegangenen. Manche Arme schienen sich verselbständigt zu haben und schlängelten sich, eigenen Gesetzen folgend, durchs Wasser.

»Das macht er für Sie«, sagte Frau Groeben und wandte sich ab. »Das hier sind Calamari.« Sie stand ein paar Schritte hinter mir vor dem gegenüberliegenden Aquarium.

»Sie glauben, das macht er für mich?«

»Calamari«, sagte sie, »lassen sich eigentlich nicht in Gefangenschaft halten, da schaffen sie kaum zwei Tage. Bei uns leben sie immerhin zwei Wochen.«

»Nach zwei Wochen sind die hier alle tot?«, fragte ich und wandte den Kopf zu den Calamari-Röhren, die da durchs Wasser irrten. Ihre torkelnden Bewegungen erinnerten mich an Fledermäuse, nur waren sie viel langsamer. Aber vielleicht irre ich mich auch, denn ich wagte es nicht, mich länger als ein paar Augenblicke von meinem Oktopus abzuwenden.

»Sehen Sie sich das an«, sagte ich, »jetzt macht er die Rolle rückwärts!«

Ich applaudierte, ich rief nach den Kindern, die ihrerseits nach mir riefen. Auch Tanja klang aufgeregt. Frau Groeben ging zu ihnen, ich blieb allein und tat, als würde ich klatschen.

»Bravo, du bist großartig«, flüsterte ich, als hätte ich einen Hund oder ein Pferd vor mir.

Die Rollen vorwärts und rückwärts schienen ihn anzustrengen, denn er legte kurze Pausen ein, in denen ich dachte, er würde wieder auf die Steine sinken und mir so Gelegenheit geben, mich endlich abzuwenden.

Seine nächste Ruhepause nahm ich zum Anlass, ihn zu verlassen, nachdem ich noch einmal applaudiert und irgendwelches dummes Zeug geflüstert hatte.

Ich stahl mich davon und strich an den anderen Aquarien vorbei, ohne etwas Besonderes zu bemerken – oder ich habe es inzwischen vergessen. Ich erinnere mich nur noch an eine ausgestopfte Schildkröte, die den Namen Marlene trug, weil sie am selben Tag gestorben war wie Marlene Dietrich.

Andere Besucher waren hereingekommen und verharrten vor dem Oktopus-Aquarium. Ich gestand mir eine gewisse Eifersucht ein. Nun zeigte er sein Können also ihnen.

Als ich wieder in ihre Richtung sah, hatten sie sich immer noch nicht von der Stelle gerührt. Ich wartete eine weitere Minute. Dann trat ich in der Erwartung hinzu, meinen Oktopus in flagranti zu erwischen. Doch er lagerte ausgestreckt auf seiner Chaiselongue und rührte sich nicht. Ich hielt mich im Hintergrund. Erst als die anderen weiterzogen, rückte ich vor, so als müsste ich mich für mein Verhalten entschuldigen und mich wenigstens von ihm verabschieden. »Du warst großartig«, sagte ich, »*grazie mille!*«

Im selben Moment erhob sich der Kopf des Oktopus von den Steinen, und dann geschah etwas, das mich schockierte: In wenigen Sekunden hatte er sämtliche Arme mobilisiert und weit ausgebreitet, es war eine regelrechte Tentakelexplosion, ein zum Leben erwachtes Medusenhaupt – denn was liegt näher, als die Tentakel mit Schlangen zu vergleichen? Im nächsten Augenblick reichten sie von einem Ende seiner Behausung zum anderen, wobei er mir seine weiße Unterseite zuwandte. Ich sah ihm ins Maul, ja, in jeden einzelnen Napf. Das war kein Medusenhaupt, denn er war schön, wunderschön. Seine Bewegungen in ihrer Gleichzeitigkeit und Gegenläufigkeit waren ein unfassbares Wunder. Ja, ein Wunder, und doch obszön. Schlimmstenfalls ist es unangenehm, wenn Hunde einem plötzlich die Schnauze in den Schritt schieben oder sich am Bein festhalten und vor Erregung winseln. Das hier war anders. Es bestürzte mich, und ich spürte, dass ich kurz davor war, die Beherrschung zu verlieren und in Tränen auszubrechen. Natürlich wäre mir das unter normalen Umständen nicht passiert, aber in diesem Moment breitete auch ich die Arme aus und drückte meine Hände gegen die Scheibe, so wie ich manchmal meine Hand an das Zugfenster drücke, wenn Tanja mit den Kindern zu ihren Eltern fährt.

Das war unser Abschied.

Als wir bei Raimondo eintrafen, hatte Ralf seine Sachen bereits abgeholt. Ich rief ihn an. Er war schon am Bahnhof. Er bedankte sich dafür, dass wir die Polizei verständigt hatten. Er klang müde und sagte immer nur, dass alles in Ordnung sei und wir uns keine Sorgen machen sollten. Ich glaubte, er würde uns auf dem Bahnsteig erwarten, und kaufte am Bahnhof zwei Kilo Orangen. Selbst vom Zug aus wählte ich noch mehrmals seine Nummer, doch nur, um mir immer wieder von einer Frauenstimme sagen zu lassen, dass mein

Anruf zurzeit leider nicht entgegengenommen werden könne. Zweimal durchstreifte ich den Zug, von ganz hinten nach ganz vorn und wieder zurück. Und auch in Termini hielten wir vergeblich nach ihm Ausschau.

Wir gingen mit unserem Gepäck zum Taxistand und stellten uns in die lange Schlange. Es war gerade noch hell genug, um die Stare zu sehen, Hunderte, vielleicht sogar Tausende von Staren über Rom. Diese fliegenden Schwärme sind schön, aber auch unheimlich, als zeichneten sie ein Menetekel in den Himmel. Es gibt eine Theorie, nach der die Vögel, statt in den Süden zu fliegen, diese Tänze aufführen, diese Metamorphosen unbeschreiblicher Gebilde, Schleiertänze, Rauchfahnen, Spiralen, in ihrer Eleganz nur vergleichbar der Bewegung von Tentakeln.

Ich fragte mich, ob es dem Oktopus wohl ähnlich erging wie mir, ob er vielleicht an uns dachte, an seine Besucher, und wie sein Bild von uns beschaffen sein könnte − eine Frage, die ich mir heute noch stelle, nachdem endlich der Engel im Kinderzimmer schwebt, der Engel von Ralf, dem Orangenmann, der uns den Tanz der Frauen gezeigt hatte mitten in der Villa Misteri in Pompeji.

»SIE HABEN IHR ZIEL ERREICHT!«

Nach dem Jahr in Rom verbrachten wir unseren Sommerurlaub im Harz, im Jahr darauf im Allgäu und am Chiemsee. Am Tag vor der Rückfahrt nach Berlin kaufte ich mir in Prien eine Italienkarte. Das heißt, eigentlich ist es eine Alpenkarte. Aus einer Höhe, die wohl zwischen der eines Flugzeugs und der eines Raumschiffs liegt, blickt man auf die Alpen herab. Je höher die Berge sind, desto heller wird die Farbe; Grau und Weiß dominieren, die Täler sind dunkle Einschnitte. Auf diesen grünen und braunen Linien suchten unsere Finger sofort nach neuen Wegen in Richtung Süden, als hätten wir bisher die kürzeste und schnellste Verbindung übersehen.

Man kann die Karte an den Seiten einrollen, so dass sie sich bequem halten lässt. Der Blick schweift zuerst von links nach rechts, vom Neusiedler See, von Wien und Zagreb hinüber zum Mont Blanc und nach Grenoble und weiter bis zum Mont Ventoux und nach Avignon. Nach Italien sieht man wie über eine göttliche Balkonbrüstung hinweg. Was hätte Hannibal für diese Karte gegeben! Alpen und Appenin schließen die Po-ebene von drei Seiten ein. Ohne Berge überqueren zu müssen, kommt man von Turin nach Mailand, nach Verona, Ferrara, Padua und Venedig. Und von dort ist es schon nicht mehr weit bis Triest. Will man die Berge in Richtung Süden umgehen, bleibt einem nur der Weg entlang der Adria über Rimini oder, im Westen, durch den Col di Cadibona, in Richtung Genua. Die Straße durchs Gebirge von Bologna nach Florenz, die wir immer fahren, ist eingezeichnet. Weiter südlich nimmt einem die Erdkrümmung die Sicht. ROMA wird zu vier schwarzen Buchstaben auf der Horizontlinie, mit dem vorangestellten Zeichen eines Flugzeugs. Es folgen dann noch ein paar Wolken, über denen bis zum oberen Rand der Karte – immerhin mehr als ein Viertel der ganzen Fläche – nichts weiter zu sehen ist als blauer Himmel.

Sooft ich diese Karte zur Hand nehme, landet mein Blick auf diesen Wolken, als wären sie der Fluchtpunkt, auf den alles zuläuft, als wären sie die Wolken über Sizilien, die Rauchwolken über dem Ätna.

Am Vormittag nach der Hochzeitsfeier einer Cousine von Tanja in Ragusa waren wir nach Syrakus gefahren. Die Verabschiedung hatte sich länger hingezogen, weil uns Freunde aus Berlin noch in ihr Ferienhaus nach Cesarò am Ätna einluden und uns den Weg dorthin auf das Genaueste beschrieben. Wir hatten kaum geschlafen und wechselten uns mit dem Fahren ab. Unser Navigationsgerät, das uns noch in Rom mit einem *fatal error* im Stich gelassen hatte – wir waren nicht einmal mehr sicher gewesen, ob wir in der richtigen Richtung im Stau standen –, funktionierte seit ein paar Tagen wieder. Ich weiß nicht mehr, warum die Mädchen und Tanja das sprechende Gerät Pumme-Pumme getauft hatten. Ich nahm gern die Dienste dieser freundlichen Frauenstimme in Anspruch,

die offenbar immer den richtigen Weg kannte. Als sie verkündete: »Sie haben Ihr Ziel erreicht«, standen wir tatsächlich vor der Villa Theresa in Villa Bosco auf der südlich von Syrakus gelegenen Halbinsel. Das Anwesen gehörte einem Ehepaar aus Pisa, mit dem Tanja ein paar Tage zuvor telefoniert hatte.

Wir fuhren durch das offene Tor und zwischen Palmen, Laubbäumen und Sträuchern hinauf zum Haus, das wie ein Zwitterwesen aus italienischer Villa und russischer Datscha wirkte. Die Tür stand offen. Der Raum, in den wir sahen, war eingerichtet wie ein Salon, in dem sich seit ein paar Generationen nichts verändert hatte. Die Fliesen mit ihrem gelbgrünen Pflanzenmuster glänzten wie frisch gewischt.

Wir machten uns, so gut es ging, bemerkbar und traten ein. An die Vorhalle mit ihren Sesseln, Sofas, Tischen, Kommoden und Anrichten – Letztere schmückten viele gerahmte Schwarzweißfotografien – schloss sich ein Holzbau mit mehreren Esstischen an, eine Art Wintergarten, der auch im Inneren mit Schnitzereien über den Fenstern verziert war. Es roch, wie ich fand, nach Kardamom.

Noch im Wintergarten hörten wir ein Geräusch, das von einem Tier kommen musste, das über die Fliesen lief. Einen Moment stand es still und lauschte wie wir, dann kam es näher – ein kleiner Hund, der zurückschrak, als er uns gewahrte, gleich darauf aber aus Leibeskräften zu bellen begann. Während wir langsam Schritt für Schritt hinausgingen, die Kinder hinter uns her, wich er vor uns zurück und bellte immer aufgeregter.

»*Dodo! Vieni qui!*«, rief eine Männerstimme.

Vor der Tür stand ein Schwarzer. Er sah uns aus zusammengekniffenen Augen an, die verspiegelte Sonnenbrille hatte er über seine Stirn geschoben. Er trug einen langärmeligen grauen Kittel, der ihm bis zu den Schienbeinen reichte, und grüne Badeschlappen.

»*We are open at three*«, sagte er und schimpfte auf Italienisch mit dem Hund. Doch der hörte weder auf ihn, noch ließ er sich von uns beruhigen.

Ich bat den Mann, der offenbar der Hausmeister war, uns trotzdem in unser Zimmer zu lassen, ich sagte, wir hätten eine lange Reise hinter uns, wir wollten uns waschen und seien müde.

»*No*«, erwiderte er und schüttelte entschieden den Kopf. Die anderen Gäste seien eben erst abgereist, es müsse noch geputzt werden.

Ich sagte, etwas gereizt durch das unaufhörliche Gebelle und die mittlerweile heulenden Mädchen, dass wir dann eben hier warten würden, bis das Zimmer geputzt sei.

»*We are open at three*«, wiederholte er in seiner guten englischen Aussprache, zog die Nase hoch und verschwand hinterm Haus, ohne sich weiter um uns und den Hund zu kümmern.

Der hörte erst auf zu bellen, als Tanja ihn mit den Minibuletten zu füttern begann, die auf der Hochzeit als Berliner Spezialität übrig geblieben waren.

Wir setzten uns in den Wintergarten und waren nun doch froh über den Proviant, den man uns in Ragusa gegen unseren Protest eingepackt hatte. Am Fenster lief der Hausmeister vorbei, in einer Hand Besen und Schrubber, in der anderen einen Eimer. Ich sah ihm nach, bis er in dem kleinen Haus auf halber Höhe zwischen dem Tor und der Villa verschwunden war.

Wir betrachteten dann die Fotografien in der Vorhalle. Die größte war ein Hochzeitsbild, der Mann in Uniform – es musste die Zeit des Ersten Weltkriegs sein. Die beiden waren auch auf den meisten anderen Bildern zu sehen. Nur auf den späteren Fotografien, die wir in die vierziger Jahre datierten, fehlte der Mann. Die Frau hingegen schien kaum zu altern. Ein Foto von ihr war in Farbe.

Da es bis um drei noch mehr als eine Stunde war, machten wir einen Spaziergang. Wir gingen die Straße hinunter, fanden einen Pfad in Richtung Wasser und hatten plötzlich das Meer und die Insel Ortygia mit der Altstadt von Syrakus vor uns.

Die Sonne im Rücken, setzten wir uns auf die Felsen und sahen hinüber zu den Mauern, Dächern und Türmen wie auf ein Geschenk, das uns in den nächsten Stunden zuteilwerden würde. Außer Seumes *Spaziergang nach Syrakus* und der *Geschichte des Peloponnesischen Krieges* von Thukydides, beide Bücher waren seit zwei Wochen meine Reiselektüre, hatte ich noch nichts über Syrakus gelesen. Die Mädchen und ich warfen dann Steine ins Wasser, Tanja filmte uns – und plötzlich wurde mir bewusst, dass die Halbinsel, auf der die Villa Theresa stand, das antike Plemmyrion gewesen sein musste, jener Ort, an dem die Athener ihr Feldlager aufgeschlagen hatten. Und dass an der Stelle, an der wir saßen, sich unsere Halbinsel und die Insel Ortygia mit der Altstadt am nächsten kamen, und somit hier die Einfahrt in den großen Hafen lag. Diese Einfahrt hatten die Syrakuser am Tag der Entscheidung im Jahr 413 vor unserer Zeitrechnung mit ihren Schiffen blockiert. Die gesamte Athener Flotte saß plötzlich in der Falle.

Ich bin gewiss kein Schlachtfeldtourist, aber Augenblicke

wie diese, die sich einstellten, seit wir auf Sizilien unterwegs waren, stürzten mich jedes Mal in eine angenehme Verwirrung.

Dabei hatte ich nie von Sizilien geträumt. Geträumt hatte ich von Rom, vom Golf von Neapel, von Apulien und Umbrien, von der Toskana, von Genua, Ravenna und Venedig. Ohne die Einladung zu der Hochzeit nach Ragusa hätten wir wohl kaum auf Sizilien Urlaub gemacht. Wir wären nicht am Mittwoch vor Ostern nach Neapel gefahren, um von dort mit der Fähre nach Palermo überzusetzen. Doch schon bei der Ankunft, als wir vom Schiff aus die dunkelbraune Stadt in dem klaren schattenlosen Licht der Morgendämmerung sahen, und kurz darauf, die ersten Sonnenstrahlen im Rückspiegel, aus dem noch menschenleeren Palermo fuhren, ergriff mich eine fast übermütige Freude. In den folgenden Tagen gab mir jeder Schritt und jeder Blick, auch jeder Geruch und jeder Bissen und jede Zeile im Reiseführer das Gefühl, am richtigen Ort zu sein.

Wir hatten die einzelnen Stationen der Reise besprochen: Erice, Trapani, Palermo und Monreale, die Tempel von Segesta und Selinunt und, auf dem Weg in den Südosten der Insel, Agrigent, danach die Barockstädte um Ragusa und Noto, nach der Hochzeit Syrakus, Taormina und über Cefalù zurück nach Palermo. Trotz der Lektüre des Reiseführers wurden wir Tag für Tag überrascht. Und oft merkten wir erst, wenn es zu spät war, welche Tempel, Theater, Kirchen, Paläste und Plätze wir auf dem Weg noch unbedingt hätten sehen sollen. Wie lächerlich dieses Gefühl doch war, etwas zu verpassen! Auf Sizilien schien es tatsächlich gleichgültig zu sein, welche Stadt wir ansteuerten, welche Sehenswürdigkeiten wir besuchten, welche Wege wir nahmen und wie oft wir dabei Station machten – wir waren immer am Nabel der Welt.

Wo kam man dem Götterhimmel näher als im Heiligtum der Aphrodite in Erice? Odysseus und Aeneas hatten diese Gegend befahren, die Phönizier und die Griechen waren ihnen gefolgt, hatten sich hier angesiedelt und die früheren Bewohner ins Landesinnere vertrieben. Karthago erhob immer wieder Anspruch auf diese Insel vor seiner Küste – Sizilien, eine Station auf der Reise vom Atlasgebirge nach Ägypten. Dann eroberten die Römer die Insel. So weit erschien es Tanja und mir noch übersichtlich. Doch bei der Aufzählung ihrer Nachfolger, der Oströmer, Byzantiner, Sarazenen und Normannen, verloren wir oft den Faden. Ich versuchte zu verstehen, wer mit wem gegen wen gekämpft hatte, doch angesichts der Kathedrale von Monreale oder einer Kirche wie S. Giovanni degli Eremiti in Palermo gab ich es bald wieder auf. Es wurde für uns zu einer regelrechten Leidenschaft, den verschiedenen Einflüssen nachzuspüren, die hier aufeinandertrafen und miteinander verschmolzen. Nirgendwo sonst war es so offensichtlich wie auf Sizilien, dass Geschichte etwas mit Schichten zu tun hat, auch wenn uns die Epochen nach Friedrich II., dem Stauffer, mit den Anjou und Aragonesen oder Spaniern, den Habsburgern, Franzosen und Savoyern fortwährend durcheinandergerieten. Tanja hatte sich in Ragusa vom Brautvater verschiedene Städtenamen und Begriffe aufschreiben lassen, die aus dem Arabischen ins Sizilianische eingeflossen waren. Ein rothaariger Schulfreund des Bräutigams wurde uns als »Normanne« vorgestellt, und einige der

Gerichte, die wir aßen, hatten afrikanischen oder arabischen Ursprung. Und nun würden wir Syrakus sehen, das Herz des antiken Siziliens.

Auf dem Rückweg zur Villa erzählte ich Tanja, was ich vor ein paar Tagen gelesen hatte: Auf unserer Halbinsel hatte sich vor 2420 Jahren eine Tragödie abgespielt. Nachdem ein verzweifelter Ausbruchversuch der Athener Flotte gescheitert war, hatten die Soldaten sich geweigert, wieder auf die Schiffe zu gehen, um einen zweiten Ausbruch zu wagen. Sie wollten ihr Leben lieber auf dem Landweg retten und versuchen, sich zu ihren Verbündeten in den Bergen durchzuschlagen. Für die Verwundeten und Kranken bedeutete diese Entscheidung das Todesurteil. Ihnen half kein Flehen. Diejenigen, die noch in der Lage waren zu gehen und zu kämpfen, ließen zurück, was sie nicht tragen konnten. Als sie aufbrachen, werden sie sich die Ohren zugehalten haben, um die Flüche und Verwünschungen nicht hören zu müssen, die ihren Abzug begleiteten. Sie rissen sich los von ihren Kameraden, die in Athen vielleicht Nachbarn oder Freunde gewesen waren, sie kannten ihre Verwandten nicht mehr, mit denen sie gemeinsam von Attika hierhergesegelt waren, um Syrakus zu erobern. Dabei werden sie geahnt haben, dass sie ein paar Stunden oder Tage später ebenso geschlachtet, niedergemacht, verstümmelt werden würden wie jene, die sie zurückließen. Wie sollte es auch möglich sein, einen solchen Abschied zu überleben?

Zurück in der Villa Theresa – die Kinder hatten zwei Schaukeln entdeckt und waren nun beschäftigt –, sahen wir mit Schrecken, dass unser Auto vollständig ausgeräumt war. Sogar die Mülltüte fehlte. Der Wagen jedoch war verschlossen.

Den Schlüssel hatte ich offenbar stecken gelassen, denn ich fand ihn nicht.

Auf der Suche nach dem Hausmeister umrundetc ich die Villa, wobei mir Dodo, der Hund, ständig vor den Füßen herumwieselte und ich mehrmals fast über ihn gestolpert wäre. Das Schwimmbecken an der Rückseite war halb mit Wasser gefüllt. Dahinter erstreckte sich ein Obstgarten. Gerade als Tanja sagte, dass ganz sicher keine Diebe den Wagen ausgeräumt hätten, denn die wären samt Wagen verschwunden, hörten wir Musik im Haus, nur ein paar Takte, und darauf, ziemlich gedämpft, eine Stimme.

Ich stieg die Treppe hinauf in die erste Etage. Dort war es dunkel und still. Auch auf mein Rufen hin antwortete niemand. Ich klopfte an die erste Tür, sie war verschlossen. Ein hohes Lachen, dem eine Männerstimme folgte, lotste mich weiter. Ich klopfte kurz an und öffnete die Tür.

Der Mann, der in seinem Bürosessel mehr lag als saß, war ebenso schwarz wie der Hausmeister, sprach in sein Handy – ich hatte keine Ahnung, in welcher Sprache – und lachte laut und hoch, wobei ich neidvoll seine weißen Zahnreihen betrachtete. Er trug ein braunes, hautenges Hemd und gestikulierte mit seiner Linken, um deren Zeigefinger der Ring mit unserem Autoschlüssel kreiste. Mich würdigte er keines Blickes, trat aber unter dem Schreibtisch hindurch gegen einen Stuhl, so dass sich dessen Sitzfläche zu mir drehte. Ich verstand das als Einladung. Ohne seinen Redefluss zu unterbrechen, beugte er sich vor, nahm aus einer der Ablagen ein paar Papiere, entfernte die Büroklammer, blätterte mit einer Hand darin, unseren Schlüssel noch immer am Finger, zog eine randlose Brille aus der Brusttasche seines Hemds, setzte sie auf, schob mir mit den Fingerspitzen ein Blatt zu – das Anmeldeformular, in dem unsere Angaben bereits mit einer verschnörkelten Schrift eingesetzt waren – und legte unseren Schlüssel wie einen Briefbeschwerer darauf. Dann lehnte er sich wieder zurück, warf seine Lesebrille auf den Tisch und öffnete das Metallarmband seiner pompösen Digitaluhr, die ihm daraufhin bis in die Armbeuge rutschte.

Vergeblich versuchte ich, in seinem Redeschwall einzelne Wörter auszumachen. Sah ich aus dem Fenster, erkannte ich zwischen den Bäumen hindurch Syrakus. Ich hörte das metallische Quietschen der Kinderschaukel und Tanjas Stimme. Doch plötzlich war das Telefonat beendet, als hätte er mitten im Satz aufgelegt.

»Idris«, sagte er, reichte mir die Hand über den Tisch und sah mich freudestrahlend an. Ich nannte meinen Namen und sagte auf Englisch, dass wir schon heute Mittag angekommen seien und mit seinem Kollegen, dem *housekeeper*, gesprochen hätten.

»*The housekeeper?*«, fragte Idris.

»*Yes*«, sagte ich, »*your colleague.*« Ich fragte, ob der Hausmeister vielleicht unsere Sachen aus dem Auto genommen hätte.

»Okay«, sagte Idris, schloss das Armband seiner Uhr, erhob sich aus seinem Sessel und ging voran. Er gab mir die üblichen Informationen: Frühstück ab acht Uhr hier, der Parkplatz für den Wagen hinter dem Gästehaus, die Rechnung hätten wir bar zu begleichen. Ich wunderte mich, dass er keine Schuhe trug. An seinen kleinen Zehen klebte jeweils ein Pflaster.

Dem Wandschrank neben der Haustür entnahm er einen

langen Schlüssel, an dem ein Holzklotz mit einer einge-
brannten Drei hing. Er begrüßte Tanja und die Kinder auf Italienisch, überreichte mir den Schlüssel und rief uns noch etwas
zu, während er, von Dodo gefolgt, hinter der Villa verschwand.
Morgen, übersetzte Tanja, dürften wir im Pool schwimmen.

Wir konnten das Zimmer kaum betreten, weil unser Gepäck die schmalen Korridore zwischen den Betten und den
beiden kolossalen Kleiderschränken versperrte. Selbst bei ge-
öffnetem Fenster und Sonnenschein blieb es hier dunkel. Die
Betten waren uralt. Unsere Mülltüte lag im Papierkorb. Erst
als wir die Koffer und Taschen in dem großen Kleiderschrank
verstaut hatten, sahen wir die kleinen dunkelroten Boden-
fliesen, die im Lampenlicht glänzten, als wären sie gebohnert
worden.

Es war schwer, die Kinder erneut zum Aufbruch zu überreden. Sie wollten nicht schon wieder Auto fahren, sondern
weiterschaukeln oder höchstens noch einmal ans Meer gehen.
Wir versprachen ihnen Eis und Pizza und eine frühe Rückkehr. Trotzdem kamen wir spät los. Pumme-Pumme führte
uns wie gewünscht auf den Parkplatz am Rande der Altstadt.
Mit Pumme-Pumme in Tanjas Handtasche durchquerten wir
die Altstadt bis zum Castello Maniace an der Spitze der Insel,
kauften Eis, aßen im erstbesten Restaurant, das geöffnet hatte,
eine Pizza und planten die Tour für den nächsten Tag. Auf
der Rückfahrt gerieten wir in einen Stau. Ganz in der Nähe
musste sich das antike Olympieion befunden haben, was hieß,
dass wir mitten auf einem früheren Schlachtfeld standen. Aber
rund um Syrakus gibt es wohl keinen Ort mehr, der nicht
irgendwann einmal ein Schlachtfeld gewesen ist.

Als wir in das Anwesen der Villa Theresa einbogen, waberte dunkelgrauer Rauch durch die Bäume. Es roch, als wäre ein Trafo angeschmort. In unserem Zimmer stank es kaum weniger, weil wir das Fenster offen gelassen hatten. Wir versuchten es mit Durchzug, aber das machte die Sache nur noch schlimmer.

Das Feuer brannte unter einer der Eichen zwischen der Villa und unserem Haus. Das heißt, das Feuer schwelte und qualmte mehr, als dass es brannte, denn auf den Ästen und Zweigen lagen mehrere Plasterohre samt einigen rechtwinkligen Verbindungsstücken. Zu sehen war niemand. Wir liefen hin und her, weil der Wind ständig drehte und wir sonst eingenebelt worden wären. Mit einem Rechen, der an dem Stamm lehnte, versuchte ich, die angekohlten Rohre und Verbindungsstücke aus dem Feuer zu bekommen, schaffte es auch, sah dann aber, dass darunter noch mehr Plastezeug schmorte. Tanja lief mit den Kindern los, um Wasser zu holen. Ich zerrte das Feuer auseinander und angelte den Müll heraus. Die verkohlten Reste sahen gespenstisch aus, wie Arm- oder Beinstümpfe. Nachdem wir sie übergossen hatten, stanken sie immer noch, so als könnte ihnen das Wasser nichts anhaben. »Am besten«, sagte Tanja, »du vergräbst sie.«

Ich wollte gerade fragen, womit ich sie denn vergraben sollte, als der Hausmeister in seinem grauen Kittel vor uns stand. Während wir dem dünnen Rauch auswichen, der noch aufstieg, schien er ihn gar nicht zu bemerken. Er kniff nur die Augen zusammen und sah auf das, was ich angerichtet hatte. Dann verzog er den Mund – ich war darauf gefasst, im nächsten Moment beschimpft, wenn nicht gar verflucht zu werden.

»*Scusi*«, sagte ich und überlegte, was Gestank auf Englisch heißt – da sprach ihn Tanja auf Italienisch an.

So unausweichlich wie mir ein Streit mit dem Hausmeister schon vor Augen gestanden hatte, so gewiss war ich nun, dass alles gut werden würde. Von Tanjas Rede, die aus einem einzigen langen Satz zu bestehen schien, ging etwas Begütigendes aus.

Und dann geschah etwas Merkwürdiges. Bis heute kann ich nicht sagen, ob es daran lag, dass ich die Pflaster an seinen Zehen sah und die Uhr mit dem Metallarmband – oder ob es nicht doch seine Züge waren, die sich veränderten. Nicht nur der Ausdruck seines Gesichts wurde ein anderer, mir war, als hätten sich auch die Proportionen darin verschoben. Seine Stirn erschien mir nun höher und freier, die Augen nicht mehr so tief in ihre Höhlen zurückgezogen. Überhaupt saß sein Kopf plötzlich anders auf seinem Körper. Aus dem Hausmeister wurde Idris. Er schluckte, spitzte den Mund, lachte aber im nächsten Moment auf. Wie auf ein Zeichen hin tauchte nun auch Dodo bei uns auf.

Tanja und Idris blieben bei dem Feuer stehen und unterhielten sich noch, während ich mit den Kindern zur Schaukel ging und dann Tür und Fenster unseres Zimmers öffnete.

Als Tanja kam, gestand ich ihr meinen Irrtum.

»Ja«, sagte sie. »Irgendwas ist merkwürdig an ihm. Oder wir kapieren etwas nicht.«

Den Kindern gefielen unsere Betten. Ich versank darin und musste den Kopf heben, wenn ich die anderen sehen wollte. Als endlich Ruhe war und jeder von uns wie eingesargt in seinem schmalen Bett lag – mir tat schon nach wenigen Minuten der

Rücken weh –, fragte ich Tanja, wie sie das mit dem Kapieren gemeint habe.

»Dass wir mit jemandem wie ihm keine Erfahrung haben«, sagte sie. Das sei so, als ob wir eine chinesische Kalligraphie datieren müssten. Aber gleich darauf sagte sie, dass der Vergleich blöd sei und völlig daneben und dass ich ihn vergessen solle.

Von draußen kam ein Geräusch, das wie das metallische Quietschen der Kinderschaukel klang, zumindest bildete ich mir das ein. Tanja sagte, das seien Unken, so hörten sich Gelbbauchunken an. Die hätten sie früher zu Hause im Garten gehabt. Ich sah jedoch weiter die leere Schaukel vor mir.

Am nächsten Morgen, wir hatten wider Erwarten gut geschlafen, ging ich noch vor dem Frühstück mit den Kindern zu den Schaukeln. Ich gab ihnen kräftig Schwung, doch es schien mir, als sei das Quietschen letzte Nacht lauter gewesen.

Idris, der ein blaurotes Trikot des FC Barcelona trug, das ihm zu groß war, machte uns zum Frühstück Rührei. Die Attraktion aber war sein süßer Mokka: Er setzte ein mit Sand gefülltes Metallgestell auf die Gasflamme, in dem drei langstielige Kännchen standen. Die Zubereitung war eine schier endlose Prozedur, während der Idris auch etwas Kardamom hinzugab. Auf seinem Rücken prangte eine große Neun, darüber las ich: ETO'O.

Die Kinder verschlangen mehrere Marmeladentoasts, vor allem, damit ich immer neue dieser winzigen Marmeladengläser öffnete. Sie versuchten, das Geräusch nachzuahmen, das beim ersten Aufschrauben entstand und sie übermäßig belustigte. Ich stand als Erster auf, fuhr das Auto vor unser Haus, packte Wasser, Sonnencreme und ein paar Kekse in den

Rucksack, gab die Adresse der Latomia del Paradiso, des Steinbruchs mit dem »Ohr des Dionysios«, in das Navigationsgerät ein, streckte mich, so gut es ging, auf dem Beifahrersitz aus und blätterte im Thukydides. Ich wollte noch einmal den Anfang des Kapitels über den Sizilianischen Feldzug lesen, als mir auffiel, dass ja unmittelbar davor der berühmte Melierdialog platziert war, in dem die Athener, als an ihren Gerechtigkeitssinn appelliert wird, die neutrale Insel Melos nicht zu unterwerfen, kaltschnäuzig antworten: Gleiches Recht gebe es nur zwischen Gleichstarken, und jeder, der so viel Macht besitze wie sie, würde ebenso handeln. Nach allem Hin und Her widmet Thukydides dem Ende der Melier, die sich auf Gnade oder Ungnade ergeben, nur ein paar Zeilen: »Die Athener richteten alle erwachsenen Melier hin, soweit sie in ihre Hand fielen, die Frauen und Kinder verkauften sie in die Sklaverei. Den Ort gründeten sie selber neu, indem sie später 500 attische Bürger dort ansiedelten.« Das Abschlachten der Melier wird zum Auftakt und Menetekel des Sizilianischen Feldzugs.

Ich las weiter, Seite um Seite, doch allmählich wurde ich ungeduldig, drückte auf die Hupe und ging, da sich nichts tat, zurück in die Villa. Unser Tisch sah aus, als hätten wir das Frühstück nur kurz unterbrochen.

Ich fand sie schließlich alle hinterm Haus am Pool, über dessen Rand kleine Wellen schwappten. Die Kinder hockten reglos am Becken und spähten ins Wasser. Tanja saß auf der anderen Seite in einem Korbstuhl. Idris sprach mit ernster Miene und erhobenen Armen, die Finger seiner Hände gespreizt, auf sie ein.

Ich trat gerade zu den Kindern, als unmittelbar neben

ihnen etwas auftauchte, das mich erschreckte. Anna und Paula hingegen waren weder überrascht, noch verrieten sie Angst. Sie nahmen das Unterwasserfahrzeug in Augenschein – eine Art großer Spielzeugpanzer, der sich auf zwei Gummibändern bewegte. Nach ein paar Sekunden tauchte der Apparat wieder unter, fuhr die Beckenwand hinab, glitt in die Waagerechte und bewegte sich weiter über den Grund. Idris tanzte vor Tanja herum. Ich sah jetzt nur seinen Rücken. So wenig ich verstand, warum Tanja dort im Sessel saß und ihm zuhörte, anstatt sich und die Kinder für unseren Ausflug fertig zu machen, konnte ich mir vorstellen, wozu diese Maschine gut sein sollte. Als existierten für sie keine Hindernisse, fuhr sie unbeirrt die andere Beckenwand empor und tauchte nun dort für einen Moment aus dem Wasser, als Idris gerade »*Is that good?*«, rief, ja, er schrie geradezu Tanja mit einem von Ekel verzerrten Gesicht an: »*Is that good?*«

»Wo bleibt ihr denn?«, fragte ich in das Schweigen hinein, das seinem Ausbruch gefolgt war.

Zuerst dachte ich, Tanja habe mich nicht gehört. Mit einem unsicheren bittenden Lächeln, das ich in dieser Art von ihr gar nicht kannte, erhob sie sich dann aber und fragte mich, ob wir Idris mit in die Stadt nehmen könnten.

»Ja, natürlich«, sagte ich. Tanja warf nur einen Blick auf den Apparat, der nun wieder an der Beckenwand hinabfuhr, und eilte an mir vorbei. Als ich sie eingeholt hatte, fragte ich, warum sie denn nicht nachgekommen seien.

»Erzähl ich dir später«, sagte Tanja und rief die Mädchen, die immer noch am Beckenrand kauerten.

»Hat er dich beschimpft?«

»Nein. Er kommt aus Darfur.«

Tanja machte kehrt, weil die Kinder sich von diesem Unterwasserroboter nicht losreißen konnten, zog sie an den Händen weg und ging mit ihnen ins Haus. Idris hatte sich umgezogen und trug jetzt ein schwarzrot gestreiftes Hemd und Jeans, über seiner Schulter hing eine große schwarze Reisetasche, die anscheinend leer war. Ich öffnete ihm die Beifahrertür. Er deutete auf den Tachometer.

»*Twohundredforty?*«

»*Little bit less*«, sagte ich.

»*Škod*a« – er sprach es Škodda aus – »*is made in Germany?*«

»*In Czechoslovakia*«, sagte ich, obwohl ich »*in Czeck or Slovakia*« hatte sagen wollen, denn plötzlich wusste ich nicht mehr, in welchem der beiden Länder er eigentlich gebaut wurde.

Idris lehnte sich zurück und streckte die Beine aus. Er hatte wieder die grünen Badeschlappen an. Auf den beiden kleinen Zehen klebten frische Pflaster. Wir schwiegen, bis Tanja mit den Mädchen kam.

»Stopp«, sagte er, als wir auf die Straße bogen, stieg aus und schloss das Tor hinter uns. Tanja fragte, ob es mir recht sei, wenn wir Idris gegen sechs Uhr abends am Dom treffen würden.

»Dann nehmen wir ihn mit zum Essen?«

Tanja zuckte mit den Schultern.

Idris wollte zu einem Supermarkt am Stadtrand. Er dirigierte mich mit seiner linken Hand, was elegant aussah, so als ahmte er einen Fisch nach. Ich hatte schon den Finger auf der Aus-Taste des Navigationsgeräts, doch die Kinder und Tanja protestierten und forderten sogar, dass ich Pumme-Pumme lauter stellte. Tanja behauptete, Pumme-Pummes wiederholte

Anweisung – »Bitte wenden Sie jetzt!« – habe einen beleidigten Unterton. Dabei liebte ich gerade die stoische Ruhe der Apparatstimme, die jeden Fehler verzieh, ohne sich von ihrem Ziel abbringen zu lassen.

Idris' Hand schwamm nach links oder rechts, und ich folgte ihrer Richtung.

»Was hat er eigentlich gesagt?«, fragte ich und sah Tanja im Rückspiegel an. Tanja riss die Augen auf und schüttelte kurz den Kopf, als verstünde Idris Deutsch. Und schon hatte sie sich wieder den Mädchen zugewandt, die sie zum Lachen brachte, indem sie im nörgelnden Tonfall verkündete: »Wenn möglich, in dreihundert Metern wenden!«

Ich bat Tanja, nicht zu sehr herumzualbern, weil ich fürchtete, Idris könnte ihr Lachen auf sich beziehen. Denn es war offensichtlich, dass sein Pilotfisch die Orientierung verloren hatte.

»U-turn«, sagte Idris schließlich leise, nachdem wir ein Neubauviertel hinter uns hatten und die Häuser aufhörten, und wies mit dem Daumen zurück.

Er ließ sich dann an einer Kreuzung absetzen, ohne wohl selbst recht zu wissen, was er dort sollte. Ich bot ihm an, weiterzufahren, aber er beharrte darauf auszusteigen und bezeichnete diese trostlose Ecke als »the right place«.

»Alle sei al Duomo«, sagte er beim Aussteigen, ohne sich nach Tanja oder mir umzudrehen, und schlappte davon.

»Was hat er denn nun erzählt?«, fragte ich.

»Soll ich das jetzt vor den Kindern ausbreiten?«, fragte sie. Ich sah sie im Rückspiegel an, aber sie erwiderte meinen Blick nicht.

Ich ärgerte mich auch darüber, dass Tanja hinten sitzen blieb. Doch wollte ich diesen Tag, unseren einzigen vollständigen Syrakus-Tag, nicht durch Empfindlichkeiten trüben. Ich folgte den Anweisungen von Pumme-Pumme, die keine zehn Minuten brauchte, um uns vom Stadtrand zu dem Parkplatz an den Steinbrüchen zu lotsen.

Gemeinsam mit uns betraten zwei Reisegruppen das archäologische Areal. Wir ließen sie und die Kinder vorauslaufen. Damit Tanja nicht glaubte, ich lauere die ganze Zeit über auf eine Antwort, erzählte ich ihr wieder von den Athenern, die bei ihrem Ausbruchsversuch zu Land aufgerieben worden waren. Ganze siebentausend von jenen vierzigtausend, die wenige Tage zuvor noch von unserer Halbinsel aus losgezogen waren, hatten überlebt. Nun siechten sie in diesen Steinbrüchen dahin, bei einem Viertelliter Wasser pro Tag und etwas Brot. Da sie gezwungen waren, alles am selben Ort zu tun, und sie sogar ihre Toten hier stapeln mussten, brachen Krankheiten aus. Der Gestank muss höllisch gewesen sein.

»Man kann sich das heute schwer vorstellen«, sagte ich, »weil die meisten verliesartigen Grotten längst eingestürzt sind und dieser Garten hier nichts davon erahnen lässt.«

Es verunsicherte mich, dass Tanja nicht wie sonst zuhörte. Ich spürte, wie ich ins Dozieren geriet. »Thukydides«, fuhr ich fort, »nennt diese Niederlage die bedeutsamste von allen in jenem Krieg erlittenen. Er glaubt sogar, dass es die gewaltigste überhaupt ist, die sie aus ihrer Überlieferung kennen.«

Da Tanja die Kamera herausholte, sagte ich nur noch, dass bereits Thukydides die Götter abgeschafft habe. »Er braucht sie nicht mehr, um sich die Welt zu erklären. Bei ihm ist alles nur noch Menschenwerk, das er verstehen und erklären will. Er ist unser Kronzeuge, unser Verbündeter.«

»Sprich weiter«, sagte Tanja und richtete das Objektiv auf mich.

»Das ›Ohr des Dionysios‹«, sagte ich in der Manier eines Cicerone und zeigte auf die Grotte mit dem spitzbogenähnlichen Abschluss. Ich winkte Anna und Paula heran und erzählte ihnen die Geschichte von dem Tyrannen, der hier seine Gefangenen belauscht haben soll. Es ist eigenartig, dass solche Legenden eher in Erinnerung bleiben als tatsächliche Geschehnisse.

Als sich die Kinder allein in der Grotte glaubten, sangen sie »*Per fare un tavolo, ci vuole il legno*« – dieses Lied hatten wir auf jeder Fahrt mehrmals spielen müssen. Die Mädchen klangen wie ein kleiner Chor.

In dem antiken Theater nebenan las ich Tanja aus dem Reiseführer vor, während Anna und Paula über die weißen Stufen Reihe um Reihe emporstiegen. Erst als ich das Klingklong der Videokamera hörte, merkte ich, dass Tanja die ganze Zeit gefilmt hatte.

»Sie haben fast seine ganze Familie niedergemacht«, sagte Tanja plötzlich. »Die Männer mussten zusehen, wie die Frauen und Mädchen vergewaltigt wurden, und dann mussten diese zusehen, wie die Männer erschossen oder abgestochen wurden. Seine Frau und seine Mutter haben sie in ihrer Hütte verbrannt.« Tanja sprach hastig, ja, sie haspelte die Sätze herunter wie eine Schülerin etwas Eingepauktes. Ich sah wieder dieses unsichere, fremde Lächeln. Und dann hörte ich, gedämpft durch Tanjas Handtasche, »Bitte wenden Sie jetzt!«. Tanja schien die Stimme gar nicht wahrgenommen zu haben, und auch ich brauchte ein paar Sekunden, um zu begreifen, dass Tanja wohl vergessen hatte, die Pumme-Pumme auszustellen. »Idris hatte Glück«, fuhr Tanja fort. »Er war nicht da und ist weggelaufen, als er von weitem die brennende Hütte sah, und hat sich versteckt und auf die Rauchwolke gestarrt, die über dem Dorf stand. Und sein Sohn, Josef oder Jussif, hatte auch Glück, weil der bei seiner Tante war, bei Idris' Schwester. Josef oder Jussif und die Schwester haben überlebt. Sie sind nach Ghana geflohen. Für Jussif ist jetzt die Tante die Mutter. Sie telefonieren regelmäßig, ihre Sprache ist Housa oder so ähnlich. Und nun wohnt sie im Kongo, in einem Steinhaus.«

Die letzten Worte unterbrach ein Schluchzen. Tanja liefen die Tränen übers Gesicht. Dann lachte sie kurz auf, als fände sie ihr Verhalten lächerlich, reichte mir die Kamera und wischte sich mit beiden Händen die Tränen ab.

»So was Blödes«, sagte sie und sah sich nach den Kindern um. Die waren inzwischen ganz oben angekommen und winkten uns von dort zu.

Ich wollte Tanja sagen, dass ich sie für ihr Gespür bewundere, weil sie bemerkt habe, dass mit Idris etwas nicht stimme. Aber das zu sagen erschien mir jetzt genauso läppisch wie jeder andere Kommentar oder der Hinweis auf die sprechende Pumme-Pumme in ihrer Handtasche.

»Warum bist du überhaupt mit ihm mitgegangen?«, fragte ich schließlich.

»Er wollte uns den Reinigungsapparat für den Pool zeigen. Er meinte, der würde den Kindern gefallen.«

»Der Unterwasserpanzer?«

Tanja nickte. »Zuerst hat er alles Mögliche erzählt«, fuhr sie etwas ruhiger fort. »Dass seine Eltern lange in Algerien gelebt haben, er aber im Sudan geboren ist und kein Französisch spricht und als Muslim fünfmal am Tag betet. Er hat mir erklärt, wann und wie oft man sich vorher waschen muss und dass man nicht alles essen darf, aber Kamel darf man essen, obwohl es unrein ist, wenn man sich danach nur tüchtig wäscht und solche Dinge. Er hat gesagt, dass er allein über die grüne Grenze in den Tschad gegangen ist, ohne Gepäck, ohne Waffen, so unauffällig wie möglich, und dort in ein Flüchtlingslager. Allah hat ihn geführt und beschützt. Sonst wäre ihm das nicht gelungen. Mit Allahs Hilfe ist er dann weiter nach Libyen, von Libyen nach Tunis und von Tunis aus mit dem Schiff nach Palermo.«

»Wann ist er denn weg?«, fragte ich.

»Vor drei Jahren, auf einem richtigen Schiff. Darauf legt er Wert.«

»Und hier? Ist er hier legal?«

»Das hab ich mich nicht getraut zu fragen«, sagte sie. »Jedenfalls hat er Angst.«

»Vor der Polizei?«

»Mehr so allgemein«, sagte Tanja. »Ein paar Jungs aus der Nachbarschaft haben ihn mit einem Luftgewehr beschossen. Aber dann hat er mir das mit seiner Frau und seiner Mutter er- zählt und was er von den Frauen im Flüchtlingslager gehört hat und hat immer wieder von dem Rauch angefangen, auf den er von seinem Versteck aus sah, und hat gefragt: ›*Is this good? Is that good?*‹, als ob ich je gesagt hätte, dass das gut ist!«

Tanja schluchzte wieder, lachte auf, schüttelte den Kopf

und wischte sich die Tränen aus dem Gesicht. Ich wollte sie in den Arm nehmen, aber sie wandte sich ab. »Er hat nichts von ihnen. Nicht mal ein Foto«, sagte sie.

Wir stiegen hinauf zu den Kindern. Je länger sie hier spielten, umso größer schien mir die Wahrscheinlichkeit zu sein, dass sie sich später einmal an das Theater und an diese Aussicht erinnern würden. Von ganz oben konnten wir über die Bäume hinweg das Meer sehen. Auch Pumme-Pumme meldete sich wieder mit ihrer Aufforderung zu wenden. Ich weiß nicht, warum weder Tanja noch die Kinder ihre Stimme hörten. Ich fand es in gewisser Weise sogar tröstlich, dass uns Pumme-Pumme auch hier begleitete.

Wir gingen später noch zum Altar von Hieron II., auf dem Hekatomben von Stieren geschlachtet worden waren, und in das archäologische Museum, das in der Villa Landolina liegt. Landolina war der Gastgeber Seumes in Syrakus gewesen. Auch das Grab von August Graf von Platen befindet sich hier. Schon mehrmals hatte ich mir vorgenommen, ihn zu lesen. Pumme-Pumme meldete sich nicht mehr. Entweder war ihr Akku leer oder Tanja hatte sie stillschweigend ausgeschaltet.

Eigentlich war dann alles so wie sonst. Mir jedoch erschien es immer unausweichlicher, etwas auf Tanjas Bericht zu antworten. Ich weiß, dass es albern klingt, aber mir war die ganze Zeit so, als schuldete ich ihr eine Erklärung für etwas, was *ich* getan hatte, für ein Fremdgehen, für eine völlige Entgleisung, für etwas, das unser Zusammensein in Frage stellte.

Wir aßen noch eine Kleinigkeit in der Nähe des Museums. Vor der geschlossenen Kirche S. Lucia las ich etwas über die Heilige vor, die sich selbst die Augen ausgerissen hatte – den

Besuch in der Pinakothek, um das Caravaggio-Gemälde ihrer Grablegung zu sehen, glaubten wir den Kindern nicht mehr zumuten zu können.

Danach fuhren wir wieder nach Ortygia, in die Altstadt. Wir kauften den Kindern Sonnenbrillen, verweilten lange in einem Töpfergeschäft, verabschiedeten uns, kehrten wieder zurück und kauften eine große Schale, die wir uns opulent verpacken ließen (sie ist trotzdem kaputtgegangen, steht aber restauriert auf unserem Wohnzimmertisch).

Fast die ganze Zeit sprachen wir über die vergangenen Tage, über die Hochzeit in Ragusa, bei der Tanja Trauzeugin gewesen war, über die Prozession zum Karfreitag in Erice mit den hin und her schwankenden Heiligen, über Ostern in Segesta, mit dem Ostereiersuchen in der Tempelruine, die in der Landschaft keineswegs so plump oder gar panzerhaft wirkt wie auf den Fotos. Wir sprachen von Selinunt, von den weißen Ruinen am Meer, von dem Geröll, das von den Tempeln geblieben war, erwähnten aber nicht, was wir bei der Einfahrt in die Stadt hatten mit ansehen müssen. Eine Katze war in den Wagen vor uns gelaufen. Als wir die Stelle passierten, klebte ihr Hinterteil auf dem Asphalt, während sich Rumpf, Vorderpfoten und Kopf aufbäumten, ein Schrei, der für uns stumm blieb wegen der Klimaanlage und der CD mit den Kinderliedern. Und ich, auf der Bremse, schlug die Hände vors Gesicht, ein Reflex, wie ich ihn nie zuvor an mir erlebt hatte. Ich sagte etwas, »Nein!« oder »Mein Gott!«, ich weiß es nicht mehr. Doch schon im nächsten Moment versuchte ich, ihren Kopf mit dem linken Rad zu erwischen, um ihre Qual zu beenden. Wir sprachen von der Kathedrale in Monreale und davon, dass die Kinder zu jedem Mosaik eine Geschichte hatten hören wollen. Solange wir Geschichten erzählten, machten sie alles mit. Wir ließen unerwähnt, dass wir unser Auto in der Tiefgarage hatten freikaufen müssen, weil uns die jungen Kerle in der Pförtnerloge ein Schild präsentierten, dass die Garage um siebzehn Uhr schließe. Das Gitter war unten, was gab es da zu diskutieren? Wir erinnerten uns an die Fahrt nach Donnafugata und den Gang durch Ragusa Ibla, über den es kaum mehr zu berichten gab, als dass wir glücklich gewesen waren, zusammen zu sein und durch diese Gassen zu gehen – aber da kamen Tanja schon wieder die Tränen und ich verstummte, als hätte sie mein Ablenkungsmanöver durchschaut.

Es war bereits später Nachmittag, als wir endlich auf den Domplatz kamen. Um diese Zeit schien es fast so, als gehe das Licht von den Fassaden aus, so wie die Hitze des Tages abends von den Steinen abstrahlt. Noch immer füllte ein klares Licht den langgestreckten und durch die Vorsprünge der Häuser und Paläste unregelmäßigen Platz und zeigte die barocke Domfassade in ihrer ganzen Körperlichkeit.

Ich kann mich dann förmlich selbst sehen, wie ich ahnungslos die Stufen hinaufsteige, eine Bettlerin hält mir die Tür auf, wie ich warte, bis Tanja und die Kinder vor mir im Dunkel des Innenraums verschwunden sind, wie ich ihnen folge und – erstarre. So kommt es mir zumindest vor. Ich hatte nichts Bestimmtes erwartet, auf keinen Fall aber einen antiken Tempel. Jedenfalls war das, was ich da erblickte, eine dorische Säule. Bis auf Augenhöhe war sie nicht als solche zu erkennen, denn die untere Trommel war derart abgerieben und verformt – nach unten hin wurde sie sogar schmaler –, dass sie mehr an einen Findling als an eine Säule erinnerte. Erst in Kopfhöhe waren die konkaven Furchen und die Grate zwischen ihnen zu erahnen, wie auf einem im letzten Herbst gepflügten Acker. Doch nur dort, wohin keine Hand mehr reichte, prägten sie sich rein aus und liefen hinauf bis zum Kapitell, als wären sie gerade erst gefertigt worden. Tanja sah mich an, als erwartete sie eine Erklärung. Aber auch ich war nie zuvor in einem Raum wie diesem gewesen.

Wir durchstreiften die Kirche, als wären wir in ein Märchenland geraten. Selbst Anna und Paula schienen zu spüren, dass hier etwas anders war als sonst.

An der Nordwand waren die Zwischenräume zugemauert, doch auf der Südseite, auf der man Kapellen angebaut hatte, waren die Säulen fast vollständig zu sehen.

Es mag übertrieben klingen, wenn ich sage, mein Körper weigerte sich zu glauben, was meine Augen wahrnahmen: einen Raum, umgeben von antiken Säulen. Noch heute glaube ich, die Irritation zu spüren, die dieser Anblick in mir auslöste. Eine solche Empfindung müssen Höhlenforscher haben, wenn sie im Licht ihrer Lampen plötzlich Zeichnungen an den Wänden entdecken.

Ich suchte nach einer halbwegs hellen Stelle, setzte mich in die Bank und las im Reiseführer.

Wir standen in einem Tempel der Athena, erbaut um 480 vor unserer Zeit als Siegestempel, nachdem Gelon die Karthager bei Himera geschlagen hatte. Ungefähr tausend Jahre später baute man ihn zu einer christlichen Basilika um. Die Cellamauern wurden aufgebrochen, so dass sie nun wie zwei Pfeilerreihen wirken, die das Mittelschiff bilden. Die

Quermauer wurde abgerissen, der Säulenumgang zugemauert und der Eingang von Osten nach Westen verlegt.

Zweitausendfünfhundert Jahre lang hatten die Gläubigen hier verschiedenen Göttern in verschiedenen Riten geopfert, hatten die Besucher dieser Zeremonien hier ihre Spuren hinterlassen, war der Schweiß ihrer Hände in den Stein gesickert, wenn sie im Tempel, zusammengedrängt wie eine ängstliche Herde, Hilfe und Schutz erflehten vor Athenern und Karthagern, vor Römern und Arabern, vor Faschisten und den Alliierten. Womöglich hatte Platon an einer dieser Säulen gelehnt, der Athener im Athena-Tempel in der Stadt der einstigen Feinde. Und wenn nicht Platon, dann vielleicht Aischylos oder Pindar oder Archimedes. Was für ein Wunder, dachte ich, dass auch ich mich noch an eine dieser Säulen lehnen konnte, da doch in unserer Welt kaum ein paar Jahrhunderte lang ein Stein auf dem anderen blieb. Es gab, so schien es mir in diesem Augenblick, da ich nach den Kannelierungen tastete, nichts Menschlicheres als diesen Raum — so als müsste die Kunde von diesem Wunder genügen, um alles Morden und alle Zerstörung zu beenden. Wie Odysseus oder Aeneas ins Jenseits geblickt hatten, in die Welt derer, die nicht mehr auf dieser Erde waren, sah ich in diesen Raum.

Vor einer Weile schon hatte ich Tanja und die Kinder aus den Augen verloren, nun hielt ich vergeblich nach ihnen Ausschau. Mich überfiel eine regelrechte Sehnsucht, mit ihnen gemeinsam hier zu sein, zwischen diesen Säulen.

In der Nähe des Eingangs, vor der Seitenkapelle mit der antiken Alabastervase, die zum Taufbecken umfunktioniert worden war, blieb ich noch einmal stehen und betrachtete die Gesichter derjenigen, die gerade die Kirche betraten. Sie haben Ihr Ziel erreicht, dachte ich plötzlich und wusste im ersten Moment nicht, woher ich diesen Satz kannte.

Als ich aus der Kirche trat und nach einer Münze für die Bettlerin suchte, winkte mir Tanja zu. Idris stand vor ihr, mit dem Rücken zu mir, und ähnelte mit seiner großen Tasche einem der fliegenden Händler, die wir in Palermo und Agrigent gesehen hatten. Anna und Paula rannten auf dem Platz umher, ein paar Jungen spielten Fußball.

»Die schönste Kirche, die ich kenne«, sagte ich und wiederholte es noch einmal auf Englisch.

»Ich würde jetzt gern nach Hause fahren«, sagte Tanja leise und lächelte. »Bitte.«

»Wollen wir nicht noch essen gehen?«, fragte ich. Es war aber erst kurz vor sechs.

»Wir können ja was einkaufen«, sagte Tanja und wandte sich zum Gehen.

Ich wollte mir noch die Nordseite der Kirche mit den eingemauerten Säulen von außen ansehen. Zu fünft zogen wir die Straße entlang. Für Idris wiederholte ich alles auf Englisch.

An den hinteren Säulen – die damals die vorderen gewesen waren – sah man, wie das Erdbeben die Säulentrommeln verschoben hatte und dass sie wohl eingestürzt wären, ohne die Mauern dazwischen. Idris folgte mir trotz seiner schweren Reisetasche. Immer wieder legte er eine Hand auf die Steine, als würde er das Gesagte nachprüfen.

»*Very old*«, sagte er.

Wir luden ihn zu einem Eis ein. Er kickte auf dem Rückweg den Fußball der Jungs in einem weiten Bogen über den

Platz. Ich fragte Tanja, ob wir nicht wenigstens noch eine Pizza essen wollten.

»Ich halt das nicht mehr aus!«, zischte sie. »Wieso kapierst du das nicht?!«

Auf der Rückfahrt drehte ich Pumme-Pumme so, dass auch Idris auf den kleinen Bildschirm sehen konnte. Er hatte seine Sonnenbrille abgenommen und verglich Pumme-Pummes Schema mit der Straße. Jedes Mal, wenn ich abbog, lachte er auf und hob den Daumen. Seine Verwunderung erfüllte mich mit einem kindlichen Stolz, als verfügte ich mit Pumme-Pumme über eine Göttin, die mich tatsächlich lenkt und leitet. Nachdem sie ihr »Sie haben Ihr Ziel erreicht!« verkündet hatte, sagte Idris: »*Good lady!*«, und stieg aus.

Ich folgte den Mädchen zur Schaukel. Tanja ging ins Haus, kam aber nach einer halben Stunde mit einem Teller voller Apfelsinenstücke und Keksen heraus. Später lasen wir den Kindern noch lange vor und legten uns dann auch bald hin.

»Tut mir leid, dass das so über dich hereingebrochen ist«, sagte ich im Dunkeln. Tanja antwortete nicht. Sie drehte sich im Bett hin und her und sagte irgendwann nur »Gute Nacht«.

Nach dem Frühstück − wir waren früh wach gewesen und hatten bereits alles zusammengepackt − bezahlte ich und gab Idris fünfzig Euro mehr. Als er es beim Nachzählen bemerkte, rief er: »*Why? Why? Why?*« Er schüttelte lange den Kopf, steckte das Geld in die Brusttasche des Hemds und schrieb seine Handynummer auf den Rand der Quittung.

Wenig später, als wir uns gemeinsam von ihm verabschieden wollten, war er kurz angebunden. Der Reinigungsapparat im Pool reagierte offenbar nicht mehr auf die Fernbedienung.

Idris lief neben dem Becken auf und ab und schimpfte und verschwand schließlich im Haus. Dodo folgte ihm.

Wir fuhren zur Kyanequelle, ein paar Kilometer von Syrakus entfernt, weil dort Papyrusstauden wachsen, die einzigen, die es außerhalb von Ägypten geben soll. Dann ging es nonstop durch bis Taormina und, anders als ursprünglich geplant, ohne Übernachtung und schon im Dunkeln weiter nach Cesarò. Unterwegs schaltete ich die Pumme-Pumme aus, weil wir einer längeren Umleitung folgen mussten. Beim Anschalten gab es erneut einen *fatal error*. Wir mussten den halben Wagen wieder auspacken, um an die Wegskizze zu kommen, die uns Tanjas Freunde in Ragusa gemacht hatten. Schließlich fanden wir das Haus in der Nähe von Cesarò. Giuseppe und Thomas nahmen unser verfrühtes Eintreffen gelassen, obwohl ihr Gästezimmer noch belegt war. Sie ließen auch Tanjas Wiedersehensfreude über sich ergehen. Tanja umarmte sie, als hätten sie sich eine ganze Ewigkeit nicht gesehen.

Wir verbrachten drei Tage bei ihnen. Wenn wir nicht gerade von Giuseppes Familie zum Essen eingeladen waren, saßen wir auf der Terrasse, spielten Schwarzer Peter oder Mensch-ärgere-dich-nicht mit den Kindern und blickten hinüber zum Ätna. Sogar die Rauchwolke über dem Kraterrand ließ mich an Idris denken.

Einmal machten wir einen Ausflug nach Randazzo. Darüber habe ich ja bereits geschrieben, allerdings ohne Idris zu erwähnen. Er fehlt in dieser Geschichte genauso wie auf den vielen Aufnahmen, die Tanja mit der Kamera gemacht hat.

Auf der Rückfahrt legten wir in Cefalù einen Zwischenstopp ein, um die normannische Kathedrale zu besichtigen.

Am Abend fuhren wir in Palermo auf die Fähre. Wir blieben so lange an Deck, bis die letzten Lichter hinter uns verschwanden und nur noch ihr Widerschein am Wolkenhimmel zu sehen war.

Zwei- oder dreimal im Jahr telefoniert Tanja mit Idris. Er kümmert sich seit zwei Jahren um Ferienwohnungen in der Nähe von Enna. Am liebsten wäre ihm eine Arbeit in Palermo, weil er dort Freunde hat, zumindest Leute, mit denen er reden kann. Er hat jetzt ein Auto und fährt manchmal, wenn er es nicht mehr aushält, für ein paar Stunden in die Stadt. Als Tanja ihn zuletzt fragte, womit wir ihm irgendwie helfen könnten, wünschte er sich ein Navigationsgerät. Das gleiche, das wir hätten. Idris drängt sie, bei den Vermietern, für die er arbeitet, unseren Urlaub zu buchen, und diktiert ihr deshalb jedes Mal die Nummer einer bestimmten Wohnung. Diese sei nicht teurer als die anderen, aber größer und mit der schönsten Aussicht. Und jedes Mal notiert sich Tanja diese Nummer und die E-Mail-Adresse der Vermieter aufs Neue. Denn eigentlich haben wir auch vor, wieder nach Sizilien zu fahren. Zudem könnten wir dann gleich eine Pumme-Pumme für Idris mitnehmen.

Dieses Buch gäbe es nicht ohne unsere Studienaufenthalte in der Deutschen Akademie Villa Massimo in Rom. Wir danken der Bundesrepublik Deutschland für die großzügige Förderung sowie dem Direktor Dr. Joachim Blüher und allen Mitarbeiterinnen und Mitarbeitern der Villa Massimo für ihre Hilfe und Unterstützung. Die Anregung zu unserer Zusammenarbeit verdanken wir Jutta Penndorf, Direktorin des Lindenau-Museums Altenburg.

Ingo Schulze, Matthias Hoch

2. Auflage 2010
© 2010 BV Berlin Verlag GmbH, Berlin
Alle Rechte vorbehalten
© für die Fotografien von Matthias Hoch:
VG Bild-Kunst Bonn, Courtesy Dogenhaus Galerie Leipzig
Umschlaggestaltung: Nina Rothfos und Patrick Gabler, Hamburg
Typografie: Birgit Thiel, Berlin
Gesetzt aus der Bembo von Greiner & Reichel, Köln
Lithografie: Carsten Humme, Leipzig
Druck & Bindung: Druckerei Pustet, Regensburg
ISBN 978-3-8270-0916-6

www. berlinverlage.de
www.ingoschulze.com